大展好書　好書大展
品嘗好書　冠群可期

大展好書　好書大展
品嘗好書　冠群可期

前言

汲汲營營，拼命追逐，現代人都很清楚肩上的壓力。許多人認為「自我」的態度是維護自己利益的唯一方式。卻忽略了用「自私」來維護自己的權益，雖然會獲得短暫的利益，但從長遠看來，卻為自己樹立了很多敵人，也製造了許多障礙。

人類的本性是溫柔又慈悲的。每一個生命都和其他的生命緊密相連，我們的生存和發展仰賴群體合作，在群體中又需要工作和伴侶等，哪怕是一件微不足道的事，也必須取自他人的付出。

我們如果希望擁有更幸福的人生，若缺乏內在的發展，也無法獲得內心的平靜安詳或長久的快樂滿足。在我們遭遇各種事物時，會產生苦或樂的感覺，依據這種感覺，對事物有所貪愛，進而產生強烈的慾望。當慾望化為行動時，便造成了各種的業——善的或惡的。

在佛教中有許多完善的，培養正面思想的方法，每個人都可以根據自己的習慣和喜好來逃選適合自己的。因此，接近佛法可以改變我們的生活狀態，讓自己變得更加正面和積極，減少負面煩惱，讓人生隨時隨地充滿善意的心，也隨時隨地充滿快樂。

《十牛圖》是我國佛教禪宗修行的圖示，係宋朝廓庵師遠改作清居禪師八牛圖而成。十圖中把所有修行的過程到行菩薩道的真正意義解說出來。修持參透此圖，會帶來極大的喜悅，並會使人心胸開闊，身心都有解脫之感。

《坐禪儀》是宋朝元佑年間宗賾慈覺禪師所撰，他是一位禪淨雙修的大師，普勸道俗每日念佛。

日常生活中隨時都可以進行禪修，進行禪修會收到許多益處，自然，我們也變得歡喜並能發現生命的意義。祈願本書能帶給各位歡樂、理解、深層次的內心寧靜。

目錄

第一部

十牛圖

——牛牧之詩

序言

世界上有各式各樣的宗教，包括基督教、猶太教、伊斯蘭教、印度教、佛教等。「宗教」一詞的英文是「religion」是源自拉丁語的「re-ligio」。而基督教的基本概念是：被神所創造的人違背神的命令犯下罪孽而離開神，成為罪人的人以耶穌基督為媒介重新（re）與神結合（ligio）。因此，認為人無法藉由人獲得拯救，而在自己之外塑立一個絕對者，利用對他的「信」以獲救的「救濟宗教」成為一種宗教的典範。

但是，如果以此定義宗教的本質，則佛教是否屬於宗教就有爭議了。因為，佛陀釋迦牟尼的佛法是本著「無神・無靈魂」的教義，它並不在自內建立靈魂（自我）也不在外樹立絕對者（神），只是永遠以「自己成為自己」為問題的「自覺宗教」。

「佛教」一詞正如其文字所示，是表示「佛陀所說的教義」。而「佛陀」是梵語「Buddha」的音譯，是表示「覺者」（頓悟者），亦即覺醒「本來的自己」（自覺者）。

然而本來屬於「自覺宗教」的佛教，到了大乘佛教之後，卻樹立了所謂的「久遠實成的釋迦牟尼佛」（在歷史的釋迦牟尼身後的法身佛）、「阿彌陀佛」（無量壽・無量光如來，亦即具有永遠的生命與無限智慧之佛）、「大日如來」（毘盧遮那法身佛，亦即如太陽光明遍照宇宙之佛）等絕對者（救濟者），使原本的「自覺宗教」轉變成「救濟宗教」這是值得注意而頗饒興味的現象。

同時，本來屬於「救濟宗教」的基督教，今日藉著與佛教的接觸，也意識到與神的「信」中有人本來自己的「覺」（醒覺＝徹悟，一種宗教上的認識），在「救濟宗教」中開始形成「自覺宗教」，也是引人注意的現象。由此可發覺在人性的最深奧處潛藏著宗教性的實存本質。

總而言之，佛教本來只是以「自己必須是自己」乃至「自己要成為自己」為問題的己事究明（究明自己的重要）之道。而禪宗雖然是在唐代完成的新興宗教，不過，在大乘佛教的眾多宗派中是最能正確傳承釋尊佛法的「覺的宗教」的本質。從這一點看，大概沒有人會對於禪被稱為是「佛教的總府」的話有所異議。

禪（暫且不說是「禪宗」）確實指出了「佛教的原點」。若說是禪存續了「釋尊佛法的原點」也不為過。

從前述的佛與基督兩教所呈現的「由自覺宗教轉移為救濟宗教」或「由救濟宗教轉移為自覺宗教」的動態看來，「禪」並不只是「佛教」之下的宗派之一而已，它是「宗教的總府」，幾乎可以說是直接地表示「宗教原點」的宗派。

唐、宋間的禪者，所謂「宗教」的本來意義，是成為「人生的」宗（大本、根本）的教義，是人「不可缺乏的唯一教義」，這一詞正表示了

「禪」的宗旨。而「不可或缺的事物並不多」。「不可或缺的事物唯有一個」，這就是「禪」。（在此所謂的「禪」和傳統的「禪宗」並不一樣。）

廓庵禪師（與五祖法演門下《碧巖錄》的作者圜悟克勤同門的大隨元靜『一〇六五——一一三五』的法嗣、梁山師遠『生寂不明』的《十牛圖》是自古以來深受臨濟禪門珍視的最直接表示「禪」生為「自覺宗教」的修行過程的禪書。

在「十張圖」的各個圖中，首先由廓庵題「頌」（闡述宗旨的詩），再由其弟子（或其友人。也有人認為是廓庵本身的匿名。在此以弟子視之）慈遠附上前文的「總序」和各個「頌」所附加的「小序」（亦可稱為散文詩的評論）。

經過(1)牧童（現實的自我＝眾生））尋找迷失的心牛（本來的自己＝

佛）、⑵找出牛的足跡、⑶實際地找到心牛、⑷捕獲、⑸給予馴服、⑹騎上心牛歸家、⑺到家後忘牛的過程，在最後的三圖⑻「真空無相」、⑼「真空妙有」、⑽「真空妙用」等歌詠「空詩」的三個側面。《十牛圖》確實靈巧地歌詠出做為「本來的自己」的自覺＝實現（Self-realization）的「自覺宗教」的「禪的修行過程」並有精湛的解說。

《十牛圖》早已有英文版本，在海外是以揭示禪佛教（Zen Buddhism）修行過程的畫而聞名。不過，問題在於讀者們是否能真正理解其中的禪意。

住鼎州梁山廓庵和尚《十牛圖》

「鼎州梁山」是今日湖南省常德縣。唐代名為「朗州」之地，宋大中祥符五年更名為「鼎州」。「梁山」為宋初曹洞宗的洞山下五世緣觀的開山地。

《十牛圖》的作者廓庵師遠為臨濟下十二世，屬臨濟宗楊岐派、五祖法演三世的法孫。

《普燈錄》卷十七、《五燈會元》卷二十中有其傳。僅知其姓魯，合川人，曾居住在常德府的梁山，其餘皆不詳。換言之，此人只以《十牛圖》傳名，並無詳傳。

慈遠和尚總序

【一】

夫諸佛真源，眾生本有。因迷也沉淪三界，因悟也頓出四生。所以有諸佛而可成，有眾生而可作。

且說諸佛（從那裡出來）的真正根源，是眾生本來所具有的，亦即所謂「佛性」。因為迷失佛性（無法認清），所以沈淪於三界（欲界、色界、無色界，亦即迷惑的世界），若能悟解（發現）即可一舉衝出四生（體生、卵生、濕生、化生，亦即迷惑的世界）。因此，有諸佛可成，有眾生可作。

首先是慈遠的「總序」，這是要理解《十牛圖》的關鍵文章，所以，以下稍做詳述。

某教授認為「諸佛真源、眾生本有」應訓讀為「諸佛是真源、眾生是本有」，「真源」為「諸佛」的述語名詞，「本有」為「眾生」的述語名詞。《禪宗永嘉集》「發願文」第十的「稽首圓滿遍智覺、寂靜平等本真源」之句，杯渡的《一鉢歌》中「若覓經、法性真源不應聽」，引（『傳燈錄』卷三十）「超越一切人為、天然自然之真際」謂之「真源」。至於「眾生本有」，《圓覺經》中「眾生本來成佛」（眾生、本來、成佛），馬祖的「示眾」中「本有今有，不假修道坐禪，不修不坐，即是如來清淨禪」。

教授引《傳燈錄》卷二十八之句，認為：「本源的真理既無可成之佛，亦無可作之眾生。此乃本來，有『無明』與『明』、『佛』與『眾生』，則非本來。」

此處的訓讀不依教授之解，但是教授對「本來、非本來」之解說亦加以採納，值得傾聽。

教授認為下文的「因」字，應為「禪錄中頻出的『因為』、『有時候』之意」，在此亦解釋為「有時迷失而淪落三界，有時頓悟而一舉脫出四生」。自古以來，我國禪宗界中對「因」字也是如此讀解。然而，有人對《傳心法要》及《臨濟錄》的訓讀以及註釋做了大量的訂正，從此，對禪宗傳來的訓讀或解釋的誤讀、誤解才有語學上的明示。自此以來，對「因」字就不再依傳來的解釋認為是表示「有時、偶爾」的副詞，而是把它當作表示「原因」的一個接續詞。

「迷」與「悟」純粹是相對詞，因為「沉迷」所以有「開悟」，若無「迷」則不需「悟」。「眾生本來佛」（白隱），本來是「生佛一如」（眾生與佛為一）、「佛凡一體」（佛陀與凡夫一體）。可是，看不清這種「本來」、儘是一面迷惑，因此，產生開悟可成佛與執迷作眾生的現實事態。《禪宗永嘉集》「勸友人書」第九「答大師、朗禪師書」中有如下之言：「迷之則見倒惑生、悟之則無地違順。」

然而，這即使是我們眾生的「現實」，但若從「本來」的立場來看，畢竟只是「非本來」，而在「真源」之處既無「可成諸佛」亦無「迷惑之眾生」。這就是「本來」，「迷」、「悟」、「佛」、「眾生」的有差別就是「非本來」。「本來底」（本來之地）是平等「生佛一如」的。可是話雖如此，我們「眾生」的現實雖是看不清「本來」的「非本來」或「本來」，既然已因妄見而沉淪了，無論如何即使一次也要覺醒過來，認清「本來」以成「佛」。

【二】

是故先賢悲憫，廣設多途。理出偏圓，教興頓漸，從麁及細，自淺至深。末後目瞬青蓮，引得頭陀微笑。正法眼藏，自此流通，天上人間，此方他界。得其理也，超宗越格，如鳥道而無蹤。得其事也，滯句迷言，若靈龜而曳尾。

因此，釋尊悲憫眾生而廣設多方途徑。在理論上指出方便（偏）與真實（圓），在教育上則設立一舉徹悟（頓）及一見徹悟（漸）之道，由粗到細、由淺入深地引導眾生，最後眨動青蓮般的雙眼，引出頭陀行第一的迦葉微笑。正法眼藏（正確真理的眼之教義）由此流通於天上眾神世界、地上人間世界、娑婆世界、他方世界。

獲得此真理時即能超越原理（宗）與法則（格），如翱翔於天空之鳥自由地飛行無蹤。但是，若只見現象上的事實，會拘泥於言詞而迷惘，彷彿具有靈驗之神龜卻在泥沼中留下尾跡。

「先賢」在此是指釋尊。「偏圓」正如《摩訶止觀》中的「偏為偏僻、圓為圓滿」，是指退有偏但空（單空），與即有為空真空的「空觀」的兩個教義。

「頓漸」是指因應對方的能力而有一舉闡述真理和利用方便階段性的誘導的闡述真理上的兩個方法。

「頭陀」是梵語的音譯，意譯為「抖摟」，是指捨棄對衣、食、住的執著，在此是指釋尊的十大弟子中頭陀行數第一的摩訶迦葉。

據說釋尊在靈鷲山拿起一枝金色蓮葉時，唯獨迦葉一人發出微笑，於是釋尊說：「我有正法眼藏。如今將它託付給迦葉。」而使迦葉成為禪佛教的第一祖。

這個傳說最初出現於宋初的《天聖廣燈錄》。而被認為是其出典的《大梵天王問佛決疑經》，據說是中國撰出的偽經。

另外，「正法眼藏」也稱為「清淨法眼」，是指正確法眼之藏，

「藏」是指「三藏」或「大藏經」的「藏」，是表示佛陀的語錄。據說此語初見於《寶林傳》卷一，是承繼在《涅槃經》卷二中佛陀囑附迦葉「無上正法」的文句。

「鳥道」據說是因為《寒山詩》中有「重巖我卜居，鳥道，人跡絕」，由於鳥飛翔於山脈較低矮之處，因此，指行人無法通行的難所。如此一來，「蹤」是指人的足跡。不過，在此只單純地解釋為飛翔於天空的鳥所經過之道，已無飛過後的蹤跡。

「靈龜而曳尾」是出自《莊子》「秋水」篇，是根據與其成為靈驗神龜死後或為占卜之器而被祭嗣於廟堂而「寧生而曳尾途中」之句，不過，在《人天眼目》卷二中有「汾陽十八問」的「探拔門」例子。其中有「靈龜尋陸地，免爭曳泥蹤」因而可能是「雖為靈龜，在泥中尾受制而無法動彈」之意。不過，也有人以此和前述的「鳥道」譬喻對應，而解釋為龜，為了隱藏在陸地產下之卵，用尾巴消滅自身的足跡而回到海中。然而雖然消滅了足跡，在沙地上卻留下自己尾巴的痕跡，即便是靈龜也難以免除這樣的習性。

進入第二章結論的部分。人不知何去何從，因此，釋尊憐憫眾生，廣泛地設立眾多的教義，興起偏圓、頓漸的法門，闡述「自我頓悟的境界即是『華嚴』的宗旨，然而屬於中、下根者尚無法理解」。因此，由淺入深說明「阿含、方等、般若、法華、涅槃」等教宗的教義，最後使人眨動青蓮之眼，引得迦葉的微笑而打開禪宗之門。從此之後所謂的「正法眼藏」由人間、天上流通於此方、他方。

若能掌握「教宗或禪宗的」根本原理，就是所謂的「超宗越格」而獲得彷彿鳥道上不見蹤跡的自由境地。不過，若只是追逐現象上的事件，拘泥於言詞字句，恐怕會變成如靈龜曳尾般地不自由。

在此所謂的「理、事」和其「華嚴」中做為術語的意思有所不同。

【三】

間有清居禪師，觀眾生之根器，應病施方，作牧牛以為圖，隨機設教。初從漸白，顯力量之未充，次至純真表根機之漸熟，乃至人牛不見，故標心法雙亡。其理也已盡根源，其法尚存莎笠。遂使淺根疑誤，中下紛紜，或疑之落空亡也，或喚作墮常見。

最近有一位清居禪師，觀察眾生的先天能力，因其疾病給予配方治療，而以馴牧牛為譬喻描繪成圖，隨對方的能力設教。最初由「純黑的牛」漸漸變白之處開始，表示修行力不夠充分，其次，完全變得純淨達到真實，表示其能力已漸趨純熟。最後來到人、牛消逝無蹤的境地，做為心與教法都已消逝的境地之標示。這是指在道理上已盡其根源。不過，其教法還殘存著在外探究的旅裝。因此，令淺根者亦即能力較低者感到困惑，使中、下慧根者心緒混亂，或以為淪落於虛無的世界，或以為墮落於常見（常住不變的觀念）。

清居禪師諱名皓昇，是洞山六世的法孫，在《五燈會元》卷十四、《續傳燈錄》卷二有其撰。不過，清居的《牧牛圖》已失傳。

「根器」也稱為「根機」是指先天的能力、素質。「淺根」或「中下根」是表示素質、能力並非「上根」（優秀者）之意。「應病施方」的「方」是指處方，即治療的方法，隱喻「佛陀的教法」。也稱為「應病與藥」（隨疾病的不同施藥），以及所謂的「見人說法」。而「隨機設教」也同樣是指「配合對方的能力給予教化」，在《碧巖錄》第九十九則的評唱中有「應機設教」。「機」是「根機」與前述的「根器」同。

「初從漸白」（開始隨著漸漸變白）是清居禪師舉《牧牛圖》的描繪法，「黑牛藉著調練漸漸轉變為白牛」的階段，相當於《十牛圖》的「第四得牛」以前的部分，「次至純真」（接著達到純真的境地）是「白牛又轉變為黑牛」的階段，據說相當於《十牛圖》的「第六騎牛歸家」以前的部分。「純真」預測到「第八人牛俱忘」。「真」一般認為是「真源」（真際），不過，在此則解釋為「白牛又重新變成黑牛」。

「心法雙忘」是《證道歌》中的句子，「心」是六根，「法」是教義，而「法」也屬於一種塵（六塵之一）。甚至「心」也是「塵」，「根（心）、境（法）」皆是鏡中所留下的斑痕一般，正如鏡上斑痕消逝無蹤才呈現鏡子原本的光輝一樣，當「心」與「法」皆失時就呈現自己的「本性」（本來的），這才是「真」（真源、真際、真如）。《十牛圖》之所以稱為「牧牛」是以這種自己「本來」的「真」為標地。佛法是「本來的自己」的自覺體認。

「其理也……其法也……」是指「在理論上雖已盡根源，不過，在法（教法）上仍然殘存著『莎笠』之影」，這是慈遠（或廓庵）對清居的《牧牛圖》的批評。「莎笠」一詞難解，據說是「出外旅行的象徵」，似乎是指「第七到家忘牛」的「和」中所提及牧牛者所穿戴的「煙簑雨笠」，是已無用處的伏筆。另外，「理」與「法」的對此和前述的「理」和「教」的對比是一樣的。

而「疑誤」是疑惑、困惑之意，「紛紜」是混亂貌、雜亂的樣子。

接著進入第三章的結論。

從前清居皓昇禪師為了「見人說法」而製作了《牧牛圖》。那是將黑牛藉著調練使其變成白牛以達到「純真」，接著再以到達「人牛不見」（心法雙亡）的境界為目標。立意頗為可取。不過，在「理」方面雖然盡其根源，然而在「法」上似乎還殘存著「求道之心」。

因此，使中下根者感到迷惑，以為墜落於虛無世界，或徬徨是否陷入常見的固定觀念中（因此，為了消除此弊端，廓庵禪師重新製作《十牛圖》）。

《清益錄》上說清居皓昇（洞山下六世）著有《牧牛圖》十二章、太白普明（系統不詳）著有《牧牛圖》十章，佛國惟白（雲門下七世）有《牧牛圖》八章（事實只有六章），而清居與太白二師的著述中都以「轉黑變白」為主題，唯獨佛印了元（雲門五世）的內容是「全白而復黑」。清居的《牧牛圖》雖有十二章卻已失傳，所幸他著述現存有完整的章篇，不過，廓庵對這些前輩的著述似嫌不足，因而親自樹立《十牛圖》的新機軸。

廓庵並不依「黑牛變成白牛」或「白牛又返回黑牛」的順序，而從尋牛、捕獲牛、馴服牛，甚至忘了牛，最後人牛俱亡的階段一一闡述重新返回現實世界的過程。其中所呈現的是廓庵的《十牛圖》的獨特思想。

【四】

今觀則公禪師，擬前賢之模範，出自己之胸襟，十頌佳篇，交光相映。初從失處，終至還源，善應群機，如救飢渴。

現在，依我（慈遠）所見，廓庵的則公禪師《十牛圖》是以前輩著述為範本，打出自己獨特的見解，十首佳篇麗詩，光輝互映相得益彰，從遺失牛開始到終於返回根源的過程中，根據每個人的各種素質解說，仿彿給飢餓者飲食、給乾渴者飲水一般。

「則公」是廓庵的法諱，也許其上尚有一字但不得解。「交光相映」是指「十首頌前後呼應」之意。雖然各成一個獨立而完整的詩篇，卻脈絡相承倍覺光輝。

第四章的結論。

依我慈遠之見，廓庵禪師是以清居禪師的《牧牛圖》為範本，根據自己本身的創意創造了獨自的《十牛圖》。「十頌佳篇」彼此前後呼應，雖然各自是一首完整的詩篇，卻光彩互映，倍覺美麗。從第一「尋牛」到第十「入鄽垂手」，巧妙地適應各個人的素質，彷彿拯救飢渴之人。

【五】

慈遠是以探尋妙義，採拾玄微。如水母以尋餐，依海蝦而為目。初自尋牛，終至入鄽，強起波瀾、橫生頭角。尚無心而可覓，何有牛可尋。洎至入鄽，是何魔魅。況是祖禰不了，殃及兒孫。不揆荒唐，試為提唱。

因此我決定探討禪師的《十牛圖》的奧妙，掌握其深奧思想而題上「小序」。這彷佛水母尋找食物必須假藉海蝦之目一般。此《十牛圖》由第一「尋牛」到第十「入鄽」為止，重新提出問題，將議題延伸到各個不同的方向。既無應求之心，何以有應尋之求？至於「入鄽」之說是何等妖怪啊！更何況若是先祖、先父靈魂不成佛，必定殃及兒孫。不揣粗淺鄙陋，試做講評。

「探尋妙義，採拾玄微」是指慈遠從廓庵的「頌」挑出問題，從第一到第十附加上「小序」。「水母借海蝦之目」……是依據《首楞嚴經》卷七的將「眾生顛倒之相」分成十二論說中的第十段。本來是「不知自性之空的譬喻」，在此是慈遠自謙的說詞。《宗鏡錄》卷一中有「宗門中云（借蝦為眼）是司自己之分，只成文字之聖人，不入祖位」。

「尋牛」「入鄽」是以下本文所見的廓庵《十牛圖》的「標題」。這些和「頌」及「圖」都是廓庵本人原作。底本在「終至入鄽」之前有「為如」二字，在此捨棄。

「強起波瀾」（刻意興風作浪）……以下是慈遠對廓庵的批評，不過並非如字面上的指責，而只是「口頭詆毀、內心讚美」的「抑下托上」，這是禪門特有的修辭法。

「橫生頭角」的「橫」是牛角往側邊凸張之意，是指「不應有的方向」找碴挑毛病，多管閒事的批評（與上一句的「強起」的「強」字呼應）。「尚無心而可覓，何有牛而可尋」的「尚」是「更何況」之意，用在複文的前文，與後文的「何」呼應，做為引導後面的展開、推論的副詞。在此是指「既無應求之心，何以有應尋之牛」。

另外，前面也提及「尚（在此是指狀況依然不變之意）存莎笠」。對於本來「沒蹤跡」、「無相」、「不立文字」的禪而言，既然描繪圖又作頌必然會出現這些批判，不過，如果正視對無數眾生的大悲心時，這並不單純是一種責難，而應該說是「抑下托上」的修辭。

「洎至入鄽」是指在第九階段之前尚無可批評，然而到了第十入鄽簡直就像鬼魅發狂的批評。但是，這裡的「魔魅」（妖怪）才是「大悲的菩薩」。這也是「抑下托上」。

「祖禰不了，殃及兒孫」是指祖父與亡父的靈魂若不成佛，為害將涉及兒孫。是表示我的理解若稍有疏忽，恐怕會遭受嚴重的懲罰，大概是慈遠向廓庵懇求認可自己所做的見解。

「不揆荒唐」是明知詞不達意卻膽敢講說之意。「荒唐」是胡亂造次，也稱為「荒唐無稽」，是指說話毫無根據。「揆」是估量，是表示不顧「毫無根據地胡言亂語」，這也是慈遠的自謙詞。另外，「提唱」是出言、主張，標榜、讚美、唆使之意。禪門對於言詞無法說明的禪宗旨，會題詩而唱，因此，對於禪者的講說習慣上稱為「提唱」。

進入第五章的結論。

由於以上的緣故，我（慈遠）決定探尋廓庵禪師的《十牛圖》的奧妙，摘取其中的玄微題上「小序」。這彷彿水母借海蝦之眼以獲得食物一般，一方面是想學習廓庵禪師的道眼，但是，依我所見禪師也有多餘之舉，從第一「尋牛」到第十「入鄽」之間，特意興風作浪。幾乎可說是在不應有的方向伸張牛角一般。本來既無應尋之「心」，何以有必須追逐之

「牛」呢？在第九段之前倒還勉強說的過去，然而提到第十的「入鄽」簡直不知是何方的妖怪！

禪師也真是多管閒事（但是，這正是可貴的地方，我從中發覺了禪師的大悲心……），更何況我所寫的「小序」。如果先祖靈魂不得成佛，必定殃及兒孫（懇切地渴望禪師的認可）。總而言之，不揣粗淺簡陋，以下以「小序」試做講評。

慈遠的「總序」講義到此結束。我的講說稍嫌囉唆，也許顯得有些吞吞吐吐。因為，以下「第一尋牛」到「第十入鄽」的講義，是根據從前曾經刊行過的文稿重新潤飾過的稿件，然而，「總序」是因為本書的刊行第一次書寫的原稿。但是，各位讀者若能不厭其煩地閱讀到此，我想以下本文的講說應該較容易閱讀了。懇請各位讀者的寬恕。

第一　尋牛

尋牛　序一

從來不失，何用追尋，
由背覺以成疏，在向塵而遂失。
家山漸遠，岐路俄差，
得失熾然，是非蜂起。

頌曰

忙忙撥草去追尋，水闊山遙路更深。
力盡神疲無處覓，但聞楓樹晚蟬吟。

尋牛　序一

以往未曾遺失過，何以必須再追尋。

因背棄原本清醒的覺悟，自然變得疏遠，面向紅塵尋求對象，自然迷失原有的主體。

因而故鄉（本分的家舍）漸遠，轉瞬間即在岐路錯失方向。

得失心如火旺盛，是非之念如群蜂湧起。

頌曰——

匆匆忙忙撥開草叢往前探尋，
誰知水更闊廣，山更迢遙，路越行越遠。
直到精疲力倦尚找不到，
只聽得楓樹上晚秋蟬的鳴聲。

十牛圖的第一篇「第一尋牛」。「尋」一字是（尋找）的動詞，中國的語法是把「尋找」的動詞擺在前面，然後再補上其所要的名詞。因此，「尋牛」是禪宗修行的第一階段。

在此所提的「尋找」、「迷失的牛」中的「牛」所指為何呢？那就是「真實的自己」「本來的自己」。如前所述，佛教認為「自己就是自己」或「自己變成自己」，亦即是把「己事究明」做為問題的宗教，其原因就在此。換言之，是在「尋找迷失的牛」。既然如此，所尋找的目標「心牛」，追根究底就是自己，亦即「真實的自己」、「本來的自己」。

臨濟稱此為「一無位的真人」（a true man of no rank）。久松真一先生則稱此為「無相的自己」（Formless Self）。

為何自己要尋找自己？在這個問題當中早已隱藏著否定、必須被否定的某種「現實中的自我」，因此，人才要追求（本來的、真實的）「自我」。如果其中不是人以往立地為生的現實基盤已經動搖的意識，人是不

會從中追尋所謂的真實。正因為認為這裡並非（自己本來的根據地）自己已偏離「家山」（本分的家舍）在外徬徨的想法，人才會追求其原有的（故鄉）。但是，事實上那裡正是真實，亦即所被尋求的「真人」早在該處發揮作用。

既然有所謂的「唯佛是真」（只有佛是真的）就可能認識「世間虛假」（世間是虛幻、無實）。其中早已存在著「佛」（本來的自己）。「宗教心是神明的呼聲」（西田寸心）。但是，在這個階段，當事者尚未瞭解這個真理。因為，他現在才產生求道心想尋求真理。因此，雖然早巳「存在禪中」（living in Zen），然而人卻不知其事而尋找「禪」。但是，從尋找中他才能使自己變成「從禪中獲生」（living by Zen）。

因此，《十牛圖》才唐突地由「半途」開始。換言之，是從「途中」尋找「本分」（自己本來的擁有）的「家舍」。

我的解說是想從出發點做說明，卻事先將終點明示出來，也許令讀者感到混淆不清。但是，我想讀者不久就可明白我的意圖。如前所述《十牛圖》可能是由廓庵禪師先完成「圖」及「頌」的部分，因此，我們首先來鑑賞「頌」的部分。

以現代的用語來品味一下詩的奧義——

忙忙撥草追尋「迷失之牛」，川廣山遙路更遠，精疲力倦不知「所尋之牛」在何方，只聞晚秋楓木上蟬之鳴聲。

所謂「忙忙」是指焦急的意思。另一說是「茫茫」。若為「茫茫」即可解釋為「廣大、寬廣」、「無止境、無標的」，然而在此的意思並不一樣。其意是心慌如麻撥草探尋。總而言之，是指撥開煩惱、妄想之草，追逐迷失的「本來的自己」往前探尋的「發心」的階段。

河川寬廣山勢高遙，尋找之路漸趨遙遠，難得發起求道心，追求道之所在，然而卻精疲力盡，連所找尋的牛影也不見蹤跡，只聽見楓木上——以國人的感覺而言，楓木令人覺得陰鬱，似乎隨時可碰見躲在陰暗處的鬼魅。據說楓木變成老樹後會化成精靈——在如此陰森的楓木枝頭上，代表煩惱、妄想的蟬聲，如晚秋的蟬一般發出蕭條而微弱的聲音。

求道而得不到的痛苦，是任何一位宗教家都有過的親身體驗。但是，臨濟禪師對這樣的體驗，自我表白是「山僧昔時，未見處時，黑漫漫地」《臨濟錄》。意指「自己從前尚未悟道時，心中只是一片黑暗」。

接著，來欣賞其弟子慈遠在先師廓庵的「頌」之前所做的「序」。這是對廓庵的「頌」（表示宗旨的詩）所做的評論。其內容如下——

此「心牛」是指「本來的自己」。然而以往從未曾迷失，所以有何追尋的必要。由於我們悖離本來的覺悟，因而變得疏遠，以六塵為對象尋找道之所在，因此迷失本來的主體性。如此一來故鄉漸趨遙遠，在歧路上突然錯失方向，分別得失之心如火般熾烈，是非曲直之思如群蜂般擁起。

既然「（現實的）自我」是追求「（本來的）自己」，「追求者」實際上是「被追求者」。根據這樣的觀點，「心牛」根本未曾「遺失」。既然是「自己」怎可能遺失。那麼，何必追求呢？這是基於《大乘起信論》「本覺門」的立場，白隱禪師認為「眾生、本來、是佛」。不論是否現實徹悟或感到迷惘，人本來就是佛。所謂「佛」亦即「覺者」。不論人是否覺悟或尚未了悟，其實都是覺醒的。

這在理論上明顯是個矛盾。不過《涅槃經》中有所謂的「一切眾生、悉有佛性」，《圓覺經》中有所謂的「眾生本來成佛」。換言之，「所有一切有生之物皆有佛的本性」、「一切眾生本來是佛」的觀念是大乘佛教的基本思想，也被稱為「本覺思想」，基於「本分上」闡述佛理時，任何佛教徒都會如此主張。

那麼，我們人類為什麼會忘記人原有的「本來底」。在現實中迷失最重要的「心牛」而徬徨無措呢?據說這是「由於背覺」而與本來底漸趨疏遠。「背」向「本覺」因而與「本來的自己」（本分人）漸漸疏遠。而在煩惱妄想的紅塵中遺失心牛，結果造成「得失、是非的分別」旺盛，「非本來底」變成彷彿是「本來底」，這就是我們的現實生活。以《起信論》而言，是對其述的「本覺」產生「不覺」。

因此，我們不獲允許在所謂「眾生本來成佛」的「本覺」門的立場，亦即「本分上」的立場長居久安。道元禪師也說：「此法人人分上雖然豐具、不修則不現、不證則不得。」對於「本覺」門所採取的是「始覺」門的立場。在「本分上」著重的是「修證邊」。換言之，雖然「本來本法性、天然自性身」卻必須重新發心修行尋找菩提。因此，《十牛圖》接著也將漸漸進入實際的修行內容。

另外，「尋牛」的構想古來即有，早在《傳燈錄》卷二十九的龍牙（八三五——九二三）的偈中即有類似的著述。其文：「尋牛須訪跡，學道應訪無心。跡在牛還在，無心道尋易。」前面所引用的就是這一段。同時，有關「追尋」的用語是引自寶誌的「十二時頌」《傳燈錄》卷二十九）中的「禺中巳。未了之人雖教不至……暫時不自肯追尋，曠劫不遭魔境之使。」這句話的意思可當成「找尋本來的矛盾」。

同時，「背覺」一語是來自《首愣嚴經》卷四的「眾生迷悶、背覺合塵」。可解釋為「背向（本覺）是不願覺醒而刻意背離。因此，和（不覺）完全迥異的狀態」。甚至還說：「既是背覺而求，具有（遠離而需尋找）的構造。」這個精湛的指責值得傾聽。

根據這一點，「向塵」一語應該也是取自《首愣嚴經》中的「合塵」。「家山」是「故鄉、故山」，「歧路」是「被迫選擇其一的決斷場所」，而「得失」是「可否」，「是非」是「善惡」之意。至於「蜂起」

底本為「鋒起」，若為此則應該是「如鋒頭般尖銳地突出」的意思。

和　石鼓夷和尚

只管區區向外尋，
不知腳底已泥深。
幾迴芳草斜陽裏，
一曲新豐空自吟。

只知匆匆忙忙地向外找尋，
卻不知自己腳底已深陷泥沼。
在反覆沉沒的夕陽邊芳草處，
獨自歌唱一曲豐作之歌。

石鼓的夷和尚是圜悟下四世的法孫，諱名希夷。在《增集續傳燈錄》卷一中有其傳。《禪門諸祖師偈頌》卷下之下，題為「梁山廓庵和尚十牛」，刊載廓庵的「頌」和這篇石鼓的「和」。既無「總序」亦無別序，是表示這篇「和」早在慈遠的「序」之前已存在的事實。

所謂「和」是「和韻」的意思，是使用與本頌同樣的韻字而合成的詩句。

另外，「區區」是指「努力不懈貌」，「幾迴」是「反覆貌」。「新豐」一語難解，不過，大概是「對新收穫感到喜悅的農耕之歌」之意。

第二　見跡

見跡　序二

依經解義，閱教知蹤，
明眾器為一金，體萬物為自己。
正邪不辨，真偽奚分，
未入斯門、權為見跡。

頌曰

水邊林下跡偏多，芳草離披見也麼。
縱是深山更深處，遼天鼻孔怎藏他。

見跡　序二

根據經文理解佛法的教義，學習教義認識佛道的足跡，
明白各式器皿同為金屬所鑄，體認萬物乃為自己的事實。
若無法判斷「足跡」的正邪，何以能辨別「法的」真偽，
由於尚未入佛法之門，暫且稱之為只見足跡。

頌曰——

川邊林下「牛的」足跡特別多，
您是否看見芳香花卉茂密盛開之景。
縱然處於深山深僻之處，
朝向天際的「此牛」之鼻何所遁藏。

這是「第二見跡」，亦即「看見牛的足跡」。

首先將「頌」以現代語來品味其意境——

在河川邊、樹林下常可見到牛的足跡，您是否看到芳草簇擁盛開之景。即使是在深山裡的深僻處，朝天之鼻何以能隱藏「該牛」呢。

「偏」本是「更加、儘管、專注」之意。在此應該是「尤其、特別」之意。「離披」是指「花朵盛開貌」。也有「四處凋謝」之意。「見也麼」是指是否看見留下足跡的「牛」。「縱是」連為一詞，是縱然。「遼天」是指朝向上方、朝上的。「鼻孔」和現代語同，是指「牛」。「怎」和「如何」同義。

這是指牛的足跡隨處可見，只要敞開心眼，甚至心眼尚未敞開，若能聽從先人的教義即可清楚發現牛隻的足跡。「無相的自己」因為是「無相」則反而任何「相」都可取。

世界所有萬物中都有其自己的姿態，即使是在偏僻深山的深奧處，鼻孔朝天的牛又如何能隱形藏姿呢？你難道沒有看見芳草簇擁之景？在河川邊、林蔭下隨處可見點點足跡。而在牛所喜愛的芳草中或足跡所在之地，必可見牛隻在其間徘徊。

基督教徒認為神向人啟示時，只會透過耶穌基督，而否認透過其他萬物而來的啟示。他們認為這樣的立場才是正統的觀念。所以，基督教徒嚴格地排斥神透過森羅萬象做啟示的汎神論。禪亦不是所謂的汎神論，然而卻也不否定藉萬有以窺真如實相。

據說拉斯金某日想要描繪夕陽時，因為周遭的美景，忍不住丟下畫筆讚嘆地說：「啊！我的神啊，何等的美麗啊！」而放棄描繪夕陽的念頭。

日本歌人芭蕉在吟詠俳詩「細望」時，也在牆垣基處的薺菜花上發現了「真如實相」。他從一隻青蛙跳進古井發出的水聲中聽到了天地生命的韻律。

於是禪者認為，有「遼天鼻孔」之「牛」不論何時何地都無法隱藏其形體。只要擁有觀察的眼力，必可清楚地看見隨處可在的「牛」的足跡。那麼，「牛的足跡」所指為何呢？「序」義中指出——

根據經典理解法的含意，學習教義才明瞭道的蹤跡。確實明白眾多器皿同是金屬所鑄，體認萬物是自己的事實。「然而，雖然懂得法理可是卻從無經驗」，既無法判斷教義的正邪，何以辨別法的真偽。因此，既然尚未進入佛法之門，暫且稱其為「看見足跡」。

這段「序」所陳述的是閱讀經典、接受師匠的教導而理解佛教法理的階段。因為只是頭腦明白法理，尚未親身體驗。所以，不叫悟道，因而不說「見了牛」而說「看見牛的足跡」。那麼，其所理解的「法理」為何？到底明白了什麼？

佛法的法理稱為「不二法門」。在「序」中說是「明眾器為一金、體萬物為自己」。世界上有大大小小各式各樣的器具，雖然各有「差別」，然而眾器原來是同一個金屬所製成，因而是「平等的」。雖有差別卻是平等，這就是所謂的「不二」。同時也稱為「差別即平等」。「即」是表示「等於」的副詞。

上述的法理若以經驗而言，則是體認「萬物是自己」的事實。萬物與自己是「不二」。

佛教亦言「物我一如，自他不二」。所謂「物我一如」是「天地與我為一體，萬物與我同根」的境地，所謂「自他不二」是指汝與我雖可區別（不可同）卻無法分離（不可同）。佛教思想或禪的法理，雖然顯得複雜難以理解，其實完全不出「物我一如，自他不二」的「不二法門」。

將本來是「一」（平等）之物視同「二」（差別）是「迷惑」，而察覺呈現為「二」（差別）之物本來為「一」（平等）就稱為「徹悟」。

而「差別」的中心有「自我」。架構原本並無實體、莫虛有的（無自信＝空）「自我」以區別「自我」和「非我」，以該「自我」為中心妄想「可惜、渴望、憎惡、可憐」而造成煩惱。

所謂「佛法無我」（蓮如）。將自我架「空」視自己為「無」，基於「無我」的立場時，不可思議的是一切即為自己（自他不二、物我一如），這時「平等一如」的經驗世界自然敞開。這就是「所謂（空）是（自他不二）」亦即「不二法門」。

佛教自古以來即有「信、解、行、證」之謂。「信」佛法之真理，學習後用腦筋給予理「解」。然後親身「行」之以悟「證」。尤其是像現代一般教育普及，人人具有知性，而且科學化的知識已常識化，科學化的思索能力也提高的時代。

佛教在傳道上首先必須重視用腦筋去理解。對現代人是無法要求他們「保持沉默靜坐」。若不想辦法讓現代人動腦筋去理解，現代人絕無意親身去體驗。

但是，「理解」和「徹悟」不同，腦筋上的「理解」和「畫在圖畫上的餅」一樣並無法充飢，只見牛隻蹤跡並無法分辨是白牛或黑牛，也無法藉此辨別是雄牛或雌牛。在此階段尚未進入佛法之門，因此不說「見了牛」而暫且說是「見了牛的足跡」。

因此，最重要的是不可將「足跡」與「牛」混為一談。也許任何人都以為其間並無多大的差別，然而要實際追逐「牛」時卻未必容易。可能只尋得「足跡」即告終止。這就是道元禪師所謂的「教者法師」。

以現代而言，著述佛教書籍的學者們幾乎就是教者法師。在前面的「和」頌中，石鼓禪師稱此為「草窠輥」。其義是覓尋「足跡」時，以為滿足而停止追逐的腳步。

千萬不可忘記要尋找牛的初衷。《百丈廣錄》中有言「依經解義是三世佛之讎、離經解義與魔說同」。

和——

枯木巖前差路多，
草窠裏輥覺非麼。
腳跟若也隨他去，
未免當頭蹉過他。

枯藤老木巨石前迷路特別多。
不慎在草穴中絆腳跌落，在此是否察覺自己的過失？
眼見牛隻在前，而只追逐其「足跡」，
恐怕因而錯失牛的所在。

「枯木巖前」和前述的「水邊林下」相同，都是指「隱者或仙人的住處」。「枯木巖前」出現在洞安常察的《十玄談》詩中的「枯木巖前差路多，行人到此盡蹉過」（《傳燈錄》卷二十九）。

「差路」似乎是容易錯失而過之路。「草窠裏」是指草穴之中，而「輥」是跌倒之意。

「覺非麼」是察覺到過失了嗎？「腳跟」是指追逐牛隻者的腳，「若也」二字為如果。「他」是指牛的足跡。「當頭」是指當面、迎面。「蹉過」是指擦身而過。

第三　見牛

見牛　序三

從聲得入，見處逢源，
六根門著著無差，動用中頭頭顯露。
水中鹽味，色裏膠青，
眨上眉毛、非是他物。

頌曰

黃鶯枝上一聲聲，日暖風和岸柳青。
只此更無回避處，森森頭角畫難成。

見牛　序三

從聽聲而得道，在見處而逢根源，
六種感覺各個無差，日常活動一一俱現。
水中所含的鹽分，乃至畫具中的膠青（或類似此物），
睜亮眼睛察看，的確並非他物。

頌曰——

黃鶯在樹枝上一聲聲地鳴叫，
春陽暖和，微風輕拂，岸邊柳樹青，
唯有此地無所迴避處，
威風凜凜之牛角難以成畫。

「第三見牛」是找到無所遁形、隨處存在的牛的部分。

同樣地，先將頌譯成現代語——

> 黃鶯在枝頭上鳴叫不已，春天的陽光暖和、春風和煦、岸邊柳樹青翠，唯有此處無所逃遁其形，充滿威嚴之牛角難以成畫。

「黃鶯枝上一聲聲，日暖風和岸柳青」這起承二句，乍看之下似乎是在據實地吟詠客觀的世界。但是，禪宗的「偈頌」雖然看似如此，卻不盡然。而是基於前述的「物我一如」的「真人見真如」的立場，吟詠「真人」所見的「真如實相」的世界。

所以，即使表面上只是吟詠客觀世界的詩句，事實上必須看做是吟詠「物我一如」的心境（在禪宗亦稱為「境涯」）。既是假托風景吟詠「物我一如」的心境，若不品玩其中的真義，則無法成為禪的「偈頌」的鑑賞。

「黃鶯枝上一聲聲，日暖風和岸柳青」是歌頌「見性」（睜開心眼看見「自己成為佛陀的本性」，亦即悟道）經驗之時的詩句。這和「痲雀啾啾、烏鴉嘎嘎」、「門檻為橫、樑柱為直」、「柳綠、花紅」的意境是一樣的。日本俳歌者芭蕉也曾吟詠出如此心境的詩句「仔細一看，奇花盛開的牆角」，「一口古井啊，青蛙落井的水聲」。

禪者自古以來所謂「柳綠、花紅」為見「真如實相」。所謂「真人」亦即柳、花和我不二的無相的自己。「真人」看見「真如」時，「真人」與「真如」是為不二，是物我一如。在此所謂的「見性」，事實上「見」（真人）是為「性」（真如），「性」與「見」為不二。

此處的所謂「真人」，禪師黃檗稱之為「本心」。他認為人背離「見聞覺知」，是故非尋回「本心」不可。臨濟解釋說，「無位真人」是經由「眼、耳、鼻、舌、身、意」等「面門」（感覺器官）進出的。

我們平日所見、所聞、所思的舉止活動中，都有真人栩栩如生的活

動。只是我們都生存於禪宗卻從未發覺而已。

第三的「見牛」內容就是自覺到這個「真人」（本來的自己＝以為迷失的心牛）的經歷。而在「序」中又做下面的說明——

藉由聲音而了悟佛理，在會見之處與根源相會。人的六種感覺器官一一無差，在日常活動中據實地呈現，恰似水中鹽分、畫具中的膏質，若能睜開眼審視則知非他物。

「見性」的經驗也稱為「見色明心」或「聞聲悟道」。舉例而言，靈雲在行腳途中看見某村里的桃花，在看見的當時即根源的自己。香嚴在掃除後丟垃圾的霎那，聽到垃圾中的小石碰撞竹枝所發出的「鏗鏘」聲音，而豁然驚覺到本來的自己。

當「打成一片」的禪定三昧因為某種感覺而「驀然打發」時，「本心」會隨著「見聞覺知」的作用而呈現自己。正如「水中鹽分」、「畫具中膠質」一般，雖然非肉眼所能見，卻嚴然俱在。只要睜開眉毛瞪大眼睛審視，亦即敞開心眼，則森羅萬象、所見所聞全為「自己」而非「他物」。這也稱為「物我一如」。

某修行僧在勞動中聽見堆高的柴木崩落時所發出的「嘎啦嘎啦嘎啦」聲音的瞬間，猛然發覺到「無相的自己」。他禁不住喊叫說「撲落非他物」。這就是「物我一如」。

這位修行僧也許多年來的公案工夫已經純熟，能架空自己而進入深奧的禪定（身心統一）三昧的境界。換言之，他已經進入天地為一「打成一片」的境界。只是藉由「嘎啦嘎啦嘎啦」柴木倒塌聲而打破「無字三昧」「驀然打發」。

若能進入深奧的禪定，悟道的機緣無處不在。在所見、所聞之處可會見自己的根源，眼、耳、鼻、舌、身、意等六根門毫無疑問地都是自己。

在日常生活中的每一個活動中，都據實地呈現天地的真實。

「小序」中的「從聲得入」是指聞聲悟道。「得入」是指掌握入口、獲得入處。「見處逢源」是指在眼睛所見之處碰見根源，是指「見色明心」。這是第四的「得牛」中「逢渠」的前提。

「六根門」是眼、耳、鼻、舌、身、意六個感覺器官，這是以身體為殿堂，譬喻為殿堂中的六個門。「著著」是「一手一手」之意，是由下棋之手而來的用語。「差」是毫釐有差的「差」，而在此是指沒有任何不同。「動用中」是日常生活的活動中之意，亦即運用六根之實。「頭頭」是指每一個，「顯露」是完全地呈出來。

「水中鹽味、色裏膠青」是傅大士的《心王銘》中的字句，其中有言：「決定是有不見其形。心王亦爾。居停身內，出入門面，應物隨情。」這是指確實有其物卻無法單純取出。「眨上眉毛」是張揚眉毛、睜大眼睛之意。

而頌中的「森森」則是形容茂密而森嚴。是指牛的威嚴。

和——

識得形容認得聲，
戴嵩從此妙丹青。
徹頭徹尾渾相似，
子細看來未十成。

可以辨識牛的形體、辨別其聲，
戴嵩從而描繪出出色的圖畫。
從頭到尾靈活具現，
仔細一瞧卻未完全。

「戴嵩」是中唐的畫家，擅長描繪牧牛、村童。即使畫術如此高超的戴嵩，也無法完全地描繪出「牛」。

畫中之牛的確從頭至尾將牛描繪得栩栩如生，然而卻尚未「十成」。因此，必須要有「第四得牛」以下的修行。這已經不是談論「描繪在圖畫裡的牛」和「活生生的牛」的問題。

第四　得牛

得牛　序四

久埋郊外，今日逢渠。
由境勝以難追，戀芳叢而不已。
頑心尚勇，野性猶存，
欲得純和，必加鞭楚。

頌——

竭盡精神獲得渠，心強力壯卒難除。
有時纔到高原上，又入煙雲深處居。

得牛 序四

今日碰見常久隱藏在野外的牛。
「人」由於迷戀周遭美麗的景色而忘記追尋牛，
而「牛」也迷戀芳草而逗留。
頑固之心依然健在，野性依然殘存，
若想使其乖巧和順，必須給予鞭策。

頌──

竭盡心神捕獲牠（牛），
「自我的」之心強、身體之力壯，難以迅速根除。
有時難得攀爬到高原上，
卻又居坐在煙雲深處。

「第四得牛」是描繪「捕獲」前述所見到的牛。圖中牧童手上拿著繩索，套住牛隻往身邊拉引。

同樣的，我們先品味「頌」的內容，接著再看「序」所做的評論。頌曰——

費盡精神捕獲該牛，然而牛自我之心強、力氣盛，並無法輕易地根除其僻性。有時難得來到高原處，卻又頓坐在煙雲深處。

只看見牛（本來的自己）並無法因而滿足，因此進而「捕獲牛」（得牛）。在捕獲的牛上套上繩索往自己的身邊拉扯。「看見」的確已達到「悟道」的境地，不過，在這個階段所「看見」之物尚未成為自己所擁有。為了「具備」所「看見」的「悟道」最重要的必須有第四得牛、第五牧牛的「悟後的修行」。因此，首先必須「捕獲」所「看見」之牛。但是，雖然捕獲了牛，卻因為自我之心仍強、身體之力壯而無法輕易地根除以往的惡習。

當人覺醒本來的「自己」時，其所看見之物尚未成為自己所擁有。和現實的「自我」之間還有距離。所以，有時當禪定力強時，有可能彷彿來到高原之處，然而隨即有頓坐在帶有強烈妄念、妄想的雲煙之中。換言之，難得爬至天上界，卻又受誘於世俗的環境而墜落在地獄、惡鬼、畜生、修羅的四惡趣中。因此，尚未完全地擺脫六道的輪迴。總而言之，雖然能勉強達到見地，然而定力卻不足。

所謂定力是三昧之力。其中包含兩項，其一是根本的「王三昧」，其二是做為其應用的「個個三昧」（群臣三昧）。筆者認為「第四得牛」就是習得「王三昧」的修行。見性（敞開心眼促進自己本身的佛性、徹悟）後，或正因為見性才覺得決心誓死打在蒲團上，使自己完全成為「無相的自己」的修行是非常重要的。

所謂「得牛」是指從體驗中獲得「無相定」亦即「王三昧」的修行。在見性之前，任何人都應該曾經體驗過「打成一片」的「王三昧」，不過，在此必須再次地磨鍊「無相定」。如果懈怠這個修行則無法具備真正的定力。

慈遠的評論中如此說——

今天碰巧遇見常久躲藏在郊外的牠（亦即牛）。但是，人因為著迷於四周美麗的景色而無法追上牛。另一方面，牛也眷戀芳香花草而逗留，頑強之心依在、野性猶存。若想馴服這頭牛，必須給予鞭策。

這隻牛長久以來逗留於遍佈著煩惱、妄想的荒郊之外，因此，即使將之捕獲用繩索套牢，仍然必須如附圖所示地用力拉扯繩索。馴服這頭牛使其成為真正所擁有。然而這並非一朝一夕可成。

古人說：「見惑頓斷，如破石；思惑漸斷，如藕絲。」在怎麼巨大的頑石，不停地敲打，總有一天會有突然破裂的時候。所以，對於「見惑」亦即見地的疑惑，若能以坐禪不停地修練「州云、無。州云、無。」總有一天心眼會有豁然敞開的時候。這就是擊破見地的疑惑產生見性。

所謂「見惑」亦即知性上的迷惑，可由頓斷亦即如石破天驚般地茅塞頓開而解決。但是，有別於「見地的疑惑」的「思惑」亦即情意的迷惑，是難以一舉而獲得解決。與知性的問題相對的情意，亦即有關感情與意志的問題並無法「頓斷」。而稱為「漸斷」，是必須經由累積修行一步步地尋求解決。它無法一次理清，所以稱為「如藕絲」，正如藕斷絲連一般是無法以一朝一夕的修行獲得解決。

由此可見，當「所看到」之物「成為自己所有」的過程中，必須有「見牛—得牛—牧牛」如此漫長而艱辛的修行。

有時也可能體驗到彷彿攀登到高原上，在天上界逍遙遊的心境，然而這隻牛卻又隨即眷戀在帶有強烈妄想的雲煙之中。所謂「昨日悟、今日不悟、秋之暮」是人生現實中的景況。所以，雖成「見性」而停止修行等於是半途而廢。見性可說是總算掌握住修行的線索，事實上從此之後才是修行的開始。

禪所以重視「悟道後的修行」更勝於「悟道經驗」就是這個緣故。今日日本禪宗界中曹洞宗誤解臨濟宗所強調的「見性」，往往疏忽掉在公案禪的修行上「悟後修行」的嚴厲。

日常生活中的事上，磨鍊是含蓋中國禪的整體，「威儀即佛法、作法是宗旨」並非曹洞宗所特有的家傳。問題在於做為其「本證妙修」的「妙修」原動力的「本證」，到底是以「見」或「信」一字而獲得其體驗呢？不過，有關這個問題在此割愛，我們往前看下去。

據說有關《十牛圖》前後的構想是以《法華經》的「信解品」中出現的「長者窮子」的故事為前提。故事的內容是年幼離家在外流浪的孩子，五十年後經過自家的門前，父親一眼就看穿他是自己的孩子。但是，由於孩子已養成乞食根性（野性），因此反而感到惶恐而遁逃。父親心生一計，僱用其為僕人，屢次給予提拔並委任其管理家財。在臨終時才表明二人之間的親子關係，而把家業寄托給孩子。

「久埋郊外」中的「埋」是埋藏重要的東西。其所埋藏的重要東西就是「佛性」。這是「本具心性」中的「見」、「得」。為了令孩子自覺其本具的心性，長者之父讓自己的孩子經歷「二十年」的辛苦。

若是如此，那麼佛法修行之根源是「本具佛性」的思想。

最後，同樣地來分析語釋。

「今日逢渠」是根據洞山的「過水之偈」。曰：「切忌從他覓，迢迢我疏。我今獨自往，處處得逢渠。渠今正為我，我非今渠。應須會恁麼，方得如如契。」「由境勝」的「境」亦出現在下面的「第五牧牛」中。這裡是指芳叢。「芳叢」是芳草群生之意。「頑心」是頑固之心，指冥頑不靈的習性。「欲得」二字為一詞是指想要，「得」接尾詞。「純和」的「純」和「和」同，是柔順、平穩之意，此二字是「疏解」前述的頑固之心，馴服野性之牛使其乖順。也出現在下面的「第五牧牛」的頌中。「鞭楚」中的楚也是鞭之意，二字是指以皮鞭或木杖擊打。

和——

牢把繩頭莫放渠，
幾多毛病未曾除。
徐徐驀鼻牽將去，
且要迴頭識舊居。

紮實地握穩繩頭，絕對不可將牛鬆放，
仍有太多的惡習尚未消除。

抓住鼻繩，徐緩地往前牽去，
卻仍然繞轉頭來想要探視原本所在之地。

「繩頭」是指牽牛的牛繩，「頭」是接尾詞，「渠」是他的意思，在此是指牛。「毛病」是指不良的僻性。據說是出自分辨馬匹好壞的「相馬」之語。

「驀鼻」是指鼻的正面、鼻頭。在《祖堂集》卷十四的「石鞏」章中可見下面的對話。「師，一日因在廚作務次，馬師問：『做什麼。』對云：『牧牛。』馬師曰：『做麼生牧。』對曰：『入去一迴草，便把鼻孔拽來。』馬師云：『子真牧牛。』」

「且要」是指仍然想……，在此則指牛仍然對其來處感到眷戀，頻頻回首探視來時路，亦及眷顧前述的「煙雲深處」想要折回之意。

第五　牧牛

牧牛　序五

前思纔起，後念相隨。
由覺故以成真，在迷故而為妄。
不由境有，唯自心生，
鼻牽牢牽，不容擬議。

頌——

鞭索時時不離身，恐伊縱步惹埃塵。
相將牧得純和也，羈鎖無拘自逐人。

牧牛　序五

前面的念頭剛起，另一個念頭馬上隨之而來，
因覺醒本心而成就真實，因迷失本心而變成迷妄。
妄心之存在並非因對象而起，全是由自己的心而生，
只管強拉牛之鼻繩絕不可遲疑。

頌曰——

片刻不放鞭與繩，唯恐牛亂步走進塵埃中。
放牧純熟後即變乖順，不必繩索拘束也會主動親近人。

「第五牧牛」是馴服所捕獲之牛的階段。所謂「牧」本來是指放飼牛而養育。「十牛圖」的內容全部集約在這一段內容上。宋學朱子曾說「釋氏牧牛」。

依前例在先仍由頌的解析開始——

　　皮鞭與韁繩常不離手，為的是避免牛亂步走進塵埃中，若能小心放牧馴服必可使其乖順，不用繩索拘束也會主動來親近自己。

這就是「牧牛」的階段。其序文之意如下：

　　前念剛起，後念隨之而來。因覺醒本心而成就真實，因迷失本心而生起妄心。妄心之起並非因對象之故，是由自己之心所萌生。用力拉住牛之鼻繩，千萬不可遲疑。

人心一旦出現某個念頭，隨即又會產生第二個念頭。當人聽見「咚」的鐘聲時，若只是聽到「咚」的聲音，既非真也不是妄，而只是「咚」的聲音而已。但是，聽到「咚」的聲音後，隨即臆想「那個鐘聲是來自何

寺？」進而想起自己曾經在某地的花祭和人起爭執，或打算最近邀約朋友到某寺參拜。看見花若只是覺得美麗倒無所謂，但是，人卻會摘起花佔為己有，或想把花擺在自己的房間內。

諸如這般，由於「連續產生二念」，「正念」會立即變成「妄念」。「本心」成為「妄心」。由於「連續產生的二念」多數人會悖離「本來的覺悟」而沉淪於「妄想」。不使二念成為妄念，而能相繼正念，就是發揮徹悟的修行生活，亦即「牧牛」。

「轟隆轟隆」的雷聲——若只是把它當做「轟隆轟隆」的直接經驗就是一種「正念」。禪者認為並不需要對所聽到的雷聲做任何說明，而孩子們會說：「那是穿著虎皮、丁字褲的雷公在天上打鼓。」不僅是孩子而已，古代的原始人也這麼認為。這是所謂的神話性的說明。

今日的知識人一旦到了小學高年級，一定不會說這麼幼稚的話。他們會做科學性的說明，指稱這是正極和負極的電流在天的一角交會，由於光的速度較快，首先會發出閃電，經過數秒後才響起「轟隆轟隆」的雷聲。但是，不論是神話性的或科學性的說明，同樣都是對雷聲的說明。若以哲學的立場來思考，不論是神話或科學，在說明這一點上是完全一樣的。兩者都不是單純的直接經驗，而是其解釋說明而已。

話雖如此，我並無意否定科學的神奇成就，但是，以重視直接經驗忌諱說明的「禪」立場而言，不論是多麼精湛而有裨益的科學，只要是說明則無法直率地接受。

前一陣子我接到一位畢業於某大學物理系的來信，從信中察覺到這人具備有罕見的求道心以及第一流的教養。

我私下對這人在佛道修行上給予不少的期許。但是，當我在例行的禪會中根據禪的立場將前述的神話性說明及科學性的說明，歸結為同屬一種說明而「一筆勾下」（一筆勾消）時，這人聽聞此言即表示，無法跟隨有這樣觀念的人修行，留下一封長信揮袖離去。內心雖然覺得「可惜」也事出無奈。

浸信佛教必須貫徹「世間虛假」的觀念，抱持「唯佛是真」的思想。無論是常識性的智慧或科學性的知識、哲學性的睿智都是「世間虛假」。篤信純屬虛假的科學人，是無法做真正的佛教修行。因為，即使參與公案（修禪者所被賦予的課題）也會在腦中思考以求是非的辨別。

所以，神話性的幼稚說明或產生科學上的精湛技術文明成果的說明，在說明這一點上並沒有任何差異。以禪的立場而言「分別」就是一種妄想。它不會相繼正念只會產生接續惡念的結果。

比起神話性的幼稚說明，科學性的實用說明法很明顯地較為精湛。但是，以宗教的立場而言，其精湛應屬於「世間虛假」的「妄想」，必須一筆勾消。若不否定這一點，則無法產生宗教上的真實之心。

因此，對於「接續二念」這一點也應該知道，平常在我們所謂妄想之外，也有科學性的追求真或藝術性的追求美、道德性的追求善或宗教性的追求聖等的二念接續法。

那麼，不接續此二念並不淪落妄念，一念一念地相繼正念所指的是什麼樣的修行呢？這就是此處「牧牛」一詞所示的修行。

這是前項「第四得牛」中「和頌」的註釋中所出現的例子，修行時的石鞏在師匠馬祖禪師的道場時，有一天在廚房工作時，路過的師匠馬祖對其問說：「在做什麼？」

石鞏回答說：「牧牛。」

馬祖問：「如何牧牛呢？」

石鞏回答說：「當牛一旦踏入草地，隨即用力拉回鼻繩。」

聽聞此言，馬祖讚賞說：「你是真正懂得牧牛的人。」

牛往往會眷戀芳草而一頭栽進草堆裡。當牛一旦將頭探進草堆時，立即拉緊繩索用力扯回鼻繩。當牛再度衝進草叢時，立即用力拉回。以如此的方式牧牛。

如前所述，我們人往往接續二念而迷失正念。這時要立即返回正念。「一回入草，曳驀鼻將來」正如察覺到淪落妄念時，隨即緊拉牛繩扯回一般，必須立即返回正念。相繼正念的修行就是「牧牛」的階段。

禪語中有所謂的「一滴一凍」。水滴落一滴時會立即結凍，再滴落一滴時又迅速結凍。

諸如這般，將各個妄念返回正念使正念持續。牛頭法融的《心銘》中有言：「念起念滅，前後無別。後念不生，前念不絕。」

有一句道歌說：「白露己姿置紅葉則為紅玉」。這是歌詠在各個場合分別扮演自己所應有的角色，與該物成為一體的「個個三昧」的修行。禪門中有所謂的「寶鏡三昧，修三年」，意思是在日常生活中，參與「寶鏡三昧」的公案，三年修行個個三昧行。

但是，首先必須體得稱為「白露」的「王三昧」。在王三昧行中完全捨棄自己擁有大禪定力之後，白露置於紅葉上才能如紅寶石，置於青葉上才能成為綠寶石般地閃耀發光。所以，在第四的「得牛」中，若不貫徹「完全成為無相的自己（無我之我）」亦即「王三昧」之行，則無法達成第五「牧牛」中的「個個三昧行」。

一旦體驗見性之後，仍要隨時坐禪，親近深奧的禪定，而不可怠慢貫徹「無相定」亦即「王三昧行」的修行。正因為有那那大定（如龍盤坐般的大禪定）才能遊戲於「業識芒芒」（無止境妄想的連續）的日常生活做為「個個三昧」行。

坐禪稱為「靜中工夫」，日常生活中的正念相繼稱為「動中工夫」。而「動中工夫勝過靜中工夫百千萬倍」（白隱），是指在日常生活中把自己化為虛無完全成為所面臨的各個對象，「寶鏡三昧」的實地工夫的重要性，為此，絕對不可怠慢培養其原動力的靜中禪定力。因為「個個三昧」唯有「王三昧」才得以成之。

我自《在家禪》之後，即提倡「以坐禪的姿勢念頌摩訶般若波羅蜜多」做為「新大乘」運動的具體實踐。平常習慣坐禪的人，隨時都能採取坐禪的姿勢，不論是坐或站立即可回復坐禪的身心。這時口裡念頌「摩訶般若波羅蜜多」。如此一來，立即可回歸正念。

所謂「正念」是「無念」，若能架「空」自己即能變成如「鏡」一般的心境。如此一來，眼前之物皆將據實映現。這時才能和對方完全地合而為一，這就是所謂的「寶鏡三昧」或「個個三昧」。在每個狀況使自己化為虛無和對方成為一如，完全憑藉對方而生。這也稱為所謂「空」是「自他不二」。所以，在「「第五牧牛」的階段，事實上早已開始第十位的大乘菩薩行，只是並未察覺而已。

上述論述似乎已偏離主題。在此請再次回溯「第五牧牛」的頌和序。當我們人產生一念時，隨即會有二念相繼。此二念最好能像「一滴一凍」一般，是正念的相繼。換言之是由「覺」而真，在「迷」而妄。這並非因受對象左右的緣故，而全是我們內心所萌生的迷惘。因此，要紮實地抓住牛的鼻繩，絕對不可淪落在分別的妄念中。

看見花朵覺得美麗，這是一種正念。然而看見美麗的花朵隨即想要將之摘下插在花瓶內佔為己有，這就是妄念。但是，這並不是花的緣故，錯並不在對象的花，而在自己的佔有慾，亦及「恐伊信步惹塵埃」。因此，「牧牛」益形重要。

若能確實地在放牧中馴服牛，即使野性復發的狂牛也漸漸變得乖順。原本拉扯緊繃的繩索也可因此漸漸鬆弛，即使不用繩索套牢，牛也會主動親近人。問題是在此之前必須見牛，並將所捕獲之牛馴服。

最後，有關「正念相繼」的道理，在此就以鐵舟會所實行的「筆禪道」（以筆坐禪）的修行做論述。

「筆禪道」始於故日本橫山天啟（雪堂），由大森曹玄老師及其迦葉弟子的故山田擔雪（研齋）老居士集其大成，由無依室（大森老師的室號）門下的俊秀寺山旦中居士推廣而廣受矚目。

在「筆禪道」中我們將毛筆沾滿墨靜靜落在白紙上，在這霎那之前尚未迷失前述的一念，亦即正念，但是，當毛筆畫下點並描繪出線時，念頭已經轉變了。我們所產生的二念已不再是正念。只要將自己所畫出的墨跡和老師的線相比較，即可一目了然。

在筆禪道中自橫山翁以來，皆是畫出往右上斜的線，而根據其線質可清楚地分辨出正念相繼或無法持續正念的人。

以上闡述「正念相繼」的重要性。慈遠在「小序」中有言：「由覺故以成真，在迷故而為妄。」亦即在覺醒的霎那回復了本來的「真」。《證道歌》中有言：「夢裡明明有六趣、覺後空空為大千。」

宗密的《中華傳心地禪門師資承襲圖》中有一則故事，故事內容是某大官夢見自己處於牢獄之中，身上套著手銬腳鍊，備嚐各種艱辛，內心渴望儘早脫離這個痛苦深淵。這時，被某人喚起突然驚醒，張開眼仔細瞧自己，發覺自己本來就在自己的家中。這是指從夢中覺醒時早已返回本來的

「真」而「妄」以蕩然無存。

有關這一點慈遠也說：「不由境有，唯自心生。」「心生則種種法生，心滅則種種法滅。」亦即「三界唯心」。

另外，「擬議」是磨磨蹭蹭之意，本來是指想要提出意見、想要陳述己言。

「羈鎖無拘自逐人」中的「羈」是指馬繩（御馬時繫在馬嘴套上的韁繩），而「鎖」是鎖鍊，在此是指即使不用繩索束縛，牛也會主動親近人。「牧牛」是放飼之意。牛與人之間的糾葛已泰半釐清。即使放飼牛任由牠去，牛也不會逕自脫逃。

和——

甘分山林寄此身，
有時亦踏馬蹄塵。

不曾犯著人苗稼，
來往空勞背上人。

牛自認山林是自己的居所而寄身其中，偶爾到市集走過，馬蹄踏過的塵土。從來未曾踐踏人家田地稻秧，來來往往無須背上的人費神勞心。

「甘分山林」是甘願（滿足）以山林為自己的本分（自己的根據地）。「分」是本分，「做為本分」是指認為是本分、職分而勤勉努力、以為是自己的命運而甘之如飴。

「踏馬蹄塵」是指前往馬車往來塵土飛揚之處，與「山林」成對。若以「山林」為「靜中」則「馬蹄塵」為「動中」，甚至也許可以說前者若為「王三昧」後者則為「個個三昧」。

「不曾犯著」是從未侵犯之意，「曾」是表示過去經驗的副詞。這句話是根據《遺教經》所出現的譬喻「汝等比丘，已能住戒，當制五根。勿放逸入五慾。譬如，如牧牛人執杖以視之，使縱逸不犯人之苗稼。」「苗稼」是指稻秧。

《祖堂集》卷十七「西院大安」之上堂有言：

「只是長看一頭水牯牛，路落入草便牽出，侵犯人之苗稼時則鞭打，調來伏去。可憐生，受人言語，如今一時變作箇露路白牛，常在面前，終日露迥迥地趁，亦不肯去。」

第六　騎牛歸家

騎牛歸家　序六

干戈已罷，得失還空，
唱樵子之村歌，吹兒童之野曲。
身橫牛上，目視雲霄，
呼喚不回，撈籠不住。

頌──

騎牛迤邐欲還家，羌笛聲聲送晚霞。
一拍一歌無限意，知音何必鼓唇牙。

騎牛歸家　序六

爭執已結束，善惡分別仍是虛空，
嘴裡吟頌樵夫的春歌，以笛吹奏兒童的野曲。
身躺牛背上，眼望上空雲霄，
「牛和人」呼喚不回、牽引不住。

頌曰——

騎在牛背上搖搖晃晃打算回家，
羌笛一聲聲地替晚霞送行。
一個小節拍、一段小歌曲中都隱藏著無可言喻的心意，
若解曲音者則何需累贅的說明。

從「第六騎牛歸家」開始標題變成四字句。前五段的主題是「牛」而有「騎牛」的動作，不過，在此提出了「歸家」的新主題。

騎牛往何處去呢？「回家（本分的家舍、本來的自己）」。「第一尋牛」是由「途中」開始。「途中」是以「家舍」為前題。由「尋牛」到「牧牛」之間的旅途終於結束。

另外，這裡說「歸『家』」。「歸」與「還」不同，「還」是返回出來之地，而「歸」是指回去原有之處，亦即落腳於該落腳之處。

佛教中有言「歸依佛」，所謂「歸依」是指回歸真正應有的本來。亦即歸依「本來的自己」（佛）。現實的「自我」追求本來的「自己」並終於獲得，因此稱為「歸家」。

《傳燈錄》卷九「福州大安」中有言「師，即造百丈，以禮問曰『學人欲求識佛，何者即是。』百丈曰：『大似騎牛覓牛。』師曰：『識後如何。』百丈曰：『如人騎牛到家。』師曰：『未審，始終如何保任。』丈

曰：『如牧牛人執杖以視之，使不犯人之苗稼。』」

頌的現代語譯是——

騎在牛背上搖搖晃晃往家路行，羌笛一聲聲的消失在晚霞中，每個曲調、每段歌曲都隱藏著無限的心意，對真正懂得曲音者多餘的說明並不需要。

「迤邐」是指延綿而微有曲折之意。「羌笛」是表示純樸的曲調。「知音」是引自伯牙與鍾子期之間的故事「鼓唇牙」，即是說出口。

接著來看對這首詩做簡短評論的散文詩——

人與牛的爭執已經結束了，這隻牛已不再有捕獲或迷失的情況。口中輕輕地吟唱樵夫的農村曲，用羌笛吹奏孩子的童謠。騎在牛背上眼睛注視天空的一方，牛和人已無法喚回，不能羈絆。

此處將「目視雲霄」譯為眼睛注視天空的一方。是引《傳燈錄》卷二十九「諸方雜舉徵拈代別語」。某老宿使人傳話思大禪師。「何不降山教化眾生。目視雲漢作麼」。思大曰：「三世諸佛，我一口吞盡。不更甚教化眾生。」

「撈籠」是抑止、留住之意。《碧巖錄》第六十二則的「評唱」有言「雖羅籠不肯住、雖呼喚不回頭」。本來是玄沙之語。

「人」和「牛」亦即「現實的自我」和「本來的自己」的爭執已經結束。「第五牧牛」中說「相將牧得純和也」。拉緊繫牛之繩索馴服所捕獲的牛，牛將變得乖順。最後即使不用牛繩給予羈絆，牛也會自然地親近人。若能將牛馴服到這個境界，到了本段「人」與「牛」的爭執已經結束，所以，不再有所謂的捕牛或遺失牛之事（「得失還空」）。「得失」本來是「是非得失」中的善惡之意，而在此則是引喻捕獲或迷失牛）。因此，才能在嘴邊吟唱樵夫所吟唱的山歌，以羌笛吹奏孩子們的童謠，亦即敞開了嚐到佛法中最後境地的「遊戲三昧」的心境。

「人生的目的為何？」禪者曰：「遊戲」。滿口說：「目的，目的」者，都是尚未達到目的地之人。若是到達目的地，自然不再有所謂「目的」。所以，禪者認為在抵達目的地之前，除「遊戲」之外無他。

問題是所謂的「遊戲」所指為何呢？現代人的觀念是上班工作為的是領取薪資，藉由薪資購買自己的房子並享受娛樂生活。然而禪者所謂的遊戲三昧和以自我享樂為中心的觀念有些不同。

《觀音經》中有言：「觀世音菩薩云何遊，云何為人乎。」觀世音菩薩對於該如何遊戲人生、如何為人們做事的問題所做的解釋是：觀世音菩薩為眾人而做事，看見在痛苦中呻吟的世間眾人，口中不停地念頌「南無觀世音菩薩」的聲音時，無法棄之不顧，而化身為三十三類，有時是大學生、有時變為幼童，依對象的不同改變自己的形貌以教化眾生。懷抱永不止息的向上心，為超渡眾生不停地工作。對觀世音菩薩而言，這就是「遊戲」，也就是經典所教導的「遊戲三昧」。

在「序」中，人和牛的爭執已結束，人騎在牛背上，亦即任由「本來的自己」的活動——依道元派的說法是指「本證」已開始進入「妙修」的階段——回歸本分的家舍。而騎在牛背上的人之所以注視著天空的遠方，是指騎在牛背上的人就是在「空」自尋發展的人——道元稱此為「空中花開」——亦即修行「空華萬行」。在這個階段可以說早已進入「第十入鄽垂手」的境涯。臨濟所說的「在途中不離家舍」的意義，至此已非常清楚。而從現在開始展開「離家舍不在途中」的新歷程。這是後段的「第七忘牛存人」以下的部分。

總而言之，當「本證」一旦開始「妙修」時，人與牛既無法喚回也無法羈絆，只能「隨流而去」。只有無法抑止的「般若心」的自發自展。

在《傳燈錄》卷九的「福州大安」中有以下的故事。大安到百丈和尚的住處向其禮拜後問曰：「我想知何謂佛。」據說佛為覺者，而覺悟所指為何？覺者又是什麼樣的人？大安想知道這一點而提出疑問。

百丈回答說：「恰似騎牛而求牛。」換言之，詢問「何謂佛」者，本身就是「佛」。若返回「本來的自己」而能自覺「真的自己」即可發現佛，然而眾生卻在外求其佛，尋求「何謂佛」。這彷彿是「騎在牛上而求牛」的意思。

為求道而首次踏進道場之門，首次在書店找到佛教書籍的初心，才是「佛心」的開端。這時「佛」早已在自己身上發揮作用。若能察覺這一點，就不需要捨近求遠地在外尋求佛了。

對於百丈的回答，大安接著又問：「明白這一點後又如何呢？」請教何謂佛而明白是佛求佛之後又如何呢？聽大安如此地詢問，百丈回答說：「這好比人騎牛到家。」因此，大安又問：「其始末自己該如何背負呢？」百丈回答曰：「彷佛人執杖牧牛，讓牛見杖以免賤踏他人田埂，啃食稻秧。」這段問答，正如前段的「和頌」中所敘，是《遺教經》之句。

對於親自從事農事做為佛道修行上的重要行持的禪僧而言，牛本來就是親密的伙伴。

所謂「騎牛歸家」是指「牧牛」已不需眾生勉強的努力，牧童早已騎在牛背上。因此，是「般若」的自發自展、實行「佛行」的階段。所以，「頌」中亦說：「騎牛迤邐欲還家。」從「迤邐」（延綿而微有曲折）一詞中必須體會到掩藏著前述的「遊戲三昧」的心境。因為早已「騎在牛背」上。換言之，已經不再是眾生刻意努力下的佛行。

在他人的「頌」中也歌詠到「倒騎牛」。這是指背向牛頭騎在牛背上，是任由牛逕自前行的姿態。而且騎在牛背上的牧童吹奏著胡笛，這也是「遊戲」的心境。而在笛聲中包含有「無限之意」（無法以言詞限定之心）。這個過程的境界若是親自有過該體驗的知己，根本不需要多餘的說明。

這是「見性」後的悟後修行。絕非眾生的勉強努力。坐禪若尚屬於與自己的耐性相較的階段，還不能稱為真正的坐禪。因此，道元禪師說所有的修行都是「證上修」（徹悟的修行）。

道元禪是從「第六騎牛歸家」的部分開始闡述佛道的修行。而白隱禪則重視在此之前第一到第五的過程，亦即強調「見性」亦即「徹悟」以及見性後的「悟後修行」。但是，連白隱禪也認為「本證妙修」是真正的修行，而對於「騎牛歸家」之後的階段可嚴格地畫分為「宗教的修行」。這應該毫無異論。

成為「般若波羅蜜多」之後才能對前面的五個波羅蜜產生作用，因此，前五個「布施、持戒、忍辱、精進、禪定」才能分別加上「波羅蜜多」，而全部成為「般若」的自發自展，變成佛的修行。

道元禪就是從此開始。以「威儀即佛法、作法是宗旨」做為「本證的妙修」。但是，道元禪雖然也稱「證上修」，然而其「證」僅止於本覺門上的「本證」，沒有白隱禪中所謂的始覺門上實地的「見性」經驗。因此，今日曹洞宗的學匠，甚至主張並非「見性成佛」而是「信性成佛」。但是，如果「信」是擺脫「覺」與「智」的信，則無法成為真正的體驗力量。在宗教上無論如何必須由自己去追溯親身的體驗。「本證的妙修」與「證上修」都是真理。然而筆者認為在某種含意上若非經歷第一到第五的過程的「騎牛歸家」，那麼，其中必然有並非真正的力量。因此，我個人提倡依道元禪的白隱禪的修行。

和——

指點前坡即是家，
旋吹桐角出煙霞。
忽然變作還鄉曲，
未必知音肯伯牙。

遙指前面山坡斜面是我家，
立即奏起桐笛走出晚霞。
笛聲忽變轉而成為還鄉曲，
若解曲音者必定覺得與伯牙曲音不相上下。

「指點」是指用指頭遙指。「前坡」是指眼前綿延的山坡。「旋」是立即、迅速之意。「還鄉曲」是比喻返回「本心」（本來的自己）。至於「未必之音……」據說是「還鄉曲是農村的曲調。有別於伯牙所彈奏之琴曲，具有另一番風味，並不遜於鍾子期所聽到的琴音」。

「知音」出自《列子》的「陽問篇」。是春秋時代伯牙與鍾子期的有名故事。廓庵的「頌」與石鼓的「和」也是根據這個說詞，認為是不輸於名手伯牙的音色。

第七　忘牛存人

忘牛存人　序七

法無二法，牛且為宗。
喻蹄兎之異名，顯筌魚之差別。
如金出礦，似月離雲。
一道寒光，威音劫外。

頌——

騎牛已得到家山，牛也空兮人也閑。
紅日三竿猶作夢，鞭繩空頓草堂間。

忘牛存人　序七

法並無二法，只是暫且以牛為主題。
正如蹄與兔名稱有別一樣，只為了凸顯筌與魚的差別。
這如純金由金礦取出，月由雲層掙脫而出一般。
一道透明的月光早在威音王佛以前即存。

頌曰——

騎著牛終於返回家舍，
不見牛影而人逕自逍遙自在。
朝陽已高掛天際，仍然昏睡於夢中，
皮鞭與馬繩孤寂地棄置於草屋中。

「第七忘牛存人」應有其他版本，題為「到家忘牛」（到了家忘了牛）或單純題為「到家」。此處的「存人」，其實是「人存在」的意思，如前所述，從第一「尋牛」列第五「牧牛」的旅途已經結束，並從「途中」到達「家舍」，因此「在途中不離家舍」的訊息已經一目了然。

若再有「離家舍不在途中」的新旅程，那麼，將「到家忘牛」擺在從第六「騎牛歸家」通往「第八人牛俱亡」（人牛不見）的路程中將更為明白了。但是，若以表示「自覺宗教」的「修行過程」的立場來看待《十牛圖》，那麼，筆者倒贊同在這個階段明確地說出「存人」以及確立「無位的真人」的版本。

首先，解析廓庵的「頌」——

騎著牛回到家中，不見牛影而人也悠哉自得。朝陽已高掛天空仍然昏睡在夢中，皮鞭與繩索被孤寂地棄放在草屋裡。

「牛也空兮」是牛已完成其任務，逕自到某處玩耍不見蹤影，而人也不需再牧牛。「紅日三竿」是指將近中午仍在夢中。「鞭繩空頓」的「頓」是捨棄之意，這裡是指擱置、放置。

尋找迷失的「牛」亦即「本來的自己」，終於發現而獲得並給予馴服，然後騎在牛背上到達自己的家。「自己成為自己」的自覺之道在此已經完成而結束。「現實的自我」與「本來的自己」合而為一。到達本分家舍的「牛」已不復可見，只剩下「人」悠哉地睡覺，因此稱為「忘牛存人」。在此只有「無位的真人」存在。

所追求的「牛」既然是本來追求的那個「人」，既然已求得，當然已忘記「牛」而只存在「人」。修行已經完畢，因此，馴服牛隻的皮鞭與草繩擱置在草屋裡，只剩下回到家的人悠哉地在日上三竿時仍然沈睡在夢中。已經可以無所事事也可以做任何事，這是處於大閒中的悠哉心境，因此歌詠為「紅日三竿猶做夢」。

「序」中如此作評——

物本來並無兩個，只是暫且「劃分現實的自我與本來的自己」，而把本來的自己以「牛」為主題罷了。這如分辨蹄與兎、筌與魚一般。正如純金由金礦中取出、月亮從雲層鑽出。月亮所發出的一道冷光是威音王以前的世界即已存在。

「法無二法」的「法」，是從其既有的「存在」的意思，引申為貫徹存在之理法，亦即真理。不過，在此取前者之意。「牛且為宗」的「且」是短暫、姑且之意。「牛」是假的目標。

「喻蹄兎之異名」是個設圈套為捕兎，捕獲兎後圈套即已無用的譬喻。「蹄」是指捕兎的圈套。「圈套」並非「兎」，因此而「名異」，又正如兩者為不同的東西一樣，「人」和「牛」亦有所差別。

「顯筌魚之差別」也是一樣。「筌」是捕魚的柵欄。在《莊子》的「外物篇」中有言「筌在魚所以，得魚忘筌。蹄在兎所以，得兎忘蹄」。「一道寒光」是指月亮或黃金的光芒。「威音」出現在《法華經》「常不輕品」中的歷史之初所出現的佛，是指「威音王佛」。「威音劫外」是指天地創造以前。

在此之前我們一再提到「人」與「牛」二詞，而人是現實的自我，牛是本來的自己。自己並沒有兩個，但是，基於修行的立場，暫且以「牛」（本來的自己）為理念。正如設下陷阱捕抓兔、使用柵欄捕魚一樣，暫且區別「現實的自我」（人）與「本來的自己」（牛）而已。這彷彿純金由金礦採出、月亮由雲層脫離一般。既已捕獲兔就不需要陷阱、捕獲魚後柵欄也無用武之地，回到家不見牛影只有「真人」存在。

佛陀有一個「筏」的譬喻。《經集》中有言：「我的筏已建造而成。克服激流渡了河到達彼岸。已經不需要筏了。」（第二十一偈）

《金剛經》中喻曰：「如來常說：『修行者，應知我的說法正如筏之譬喻。連教法都應捨棄，更何況非教法者。』」

「威音王出世之前的一道寒光」是指「一無位真人」。「截斷兩刀、一劍倚天寒」。所謂「威音王」是指歷史上首先出現的王。因此，「威音劫外」表示天地創造以前的事情，或召喚時光的永遠絕對的世界的消息。是道元所謂的「空劫以前的消息」、「徵兆未萌的自己」。「一無位真人」之所以稱為「無位」原因就在此。

「自我實現」（Self-realization）的路程在第七「到家忘牛」的階段已經完成。因此，一般的佛教稱為「眾成已成佛陀」表示在這個階段修行已經畢業了。但是，禪卻主張以後的修行更為重要。在此之後還有一個「佛向上」的階段。所謂「向上」據說並非指朝向上方的意思，而是唐宋時代的俗語，稱為在其上或在其後。因此，才有接下來的把「真人」也架空的「人牛俱忘」的第八階段。

禪把超越所達到的「佛」的境地稱為「掃跡、掃跡」（稱此為「沒蹤跡」），禪極端厭惡以「佛」或「徹悟」為終結。

所謂「佛向上」是在佛之上，「徹悟的掃除」。在白隱下的「公案體系」中稱其為「法身——機關——言詮——難透——向上」，亦即「徹悟」（法身）與「在日常生活中的事上磨鍊」（機關）與更高層次的「向上」，正是拂去佛見、法見的徹悟的掃除，在此更要勉力修行，而這就是以下「第八人牛俱忘」之後的主題。

和——

欄內無牛趁出山，
煙蓑雨笠亦空閑。
行歌行樂無拘繫，
贏得一身天地間。

牛欄裡已無從山裡追逐而回的牛，
「牧牛用的」蓑笠已無用武之地。
盡情歡唱自在逍遙已無任何拘束，
在寬廣的天地間已獲得一身的「自由」。

「欄內無牛」是牛欄裡已無牛隻，也不必擔心牛會再次脫逃之意。「煙蓑雨笠」是牧牛者身上穿的蓑笠已無用武之地。慈遠「總序」中的「尚存莎笠」也許是依據此句。「贏得一身」是在寬廣天地間唯獨自己存在之意。「贏得」是最後所獲得的利益之意。

第八　人牛俱忘

人牛俱忘　序八

凡情脫落，聖意皆空，
有佛處不用遨遊，無佛處急須走過。
兩頭不著，千眼難窺，
百鳥含花，一場懡㦬。

頌——

鞭索人牛盡屬空，碧天寥廓信難通。
紅爐焰上爭容雪，到此方能合祖宗。

人牛俱忘　序八

徬徨迷離之情已經脫除，徹悟之心也全然皆空，無需在佛的世界悠遊，必須趕緊走過無佛的世界。凡、聖兩個世界已不復存在，縱然是觀音的千眼存在也難以探尋，白鳥銜花前來供養，只得一場恥辱。

頌曰——

皮鞭、牛繩、人及牛全已消逝無蹤，
唯獨青空浩蕩無際，音訊也難以傳達。
赤紅的熔礦爐的火燄中無融雪之地，
唯有到此境地，才能合乎祖師的宗旨。

「第八人牛俱忘」是「牛」不見蹤影，而存留於該地的「人」也不見

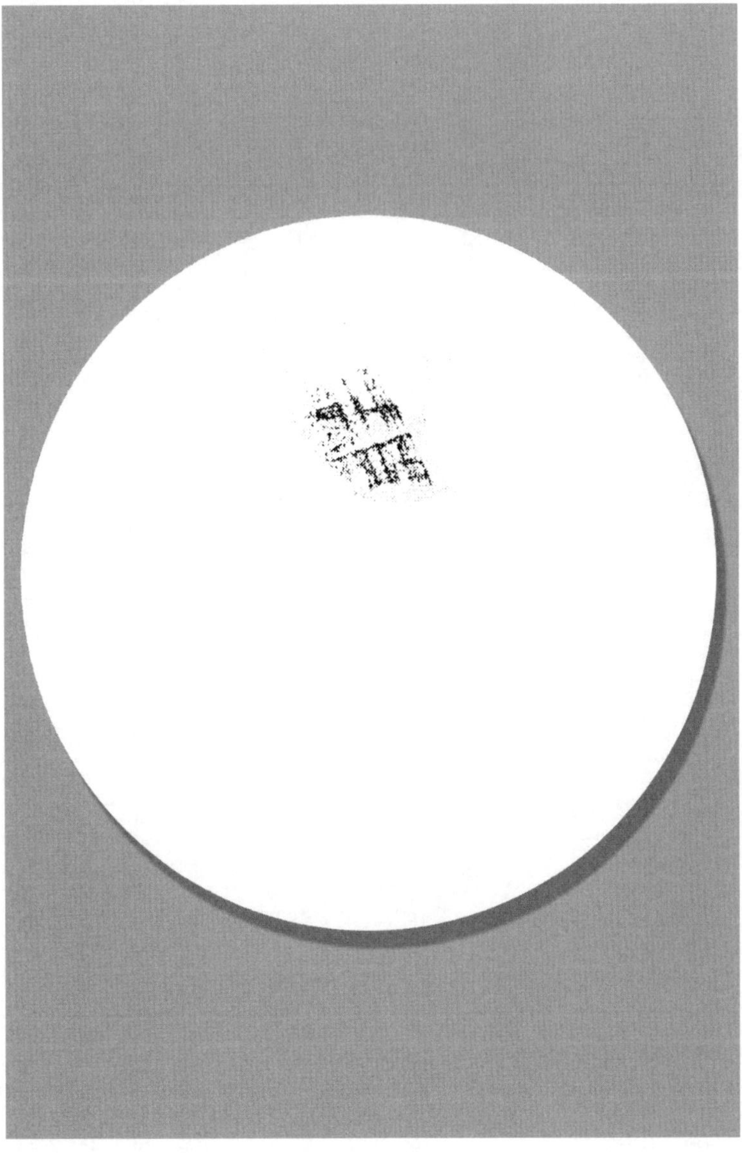

蹤影的階段。另有版本題曰「人牛不見」。此語是出自普明的《牧牛圖》的「雙泯第十」。廓庵也許知道這個語源而把它往下安排在第八段，然後重新添加第九、第十兩個階段。在此可見廓庵的《十牛圖》的特色以及他的新架構。而「人牛俱忘」的題目，是為了接續「第七忘牛存人」並引導第九和第十的新主題。

首先由「頌」來鑑賞——

皮鞭、牛繩、人及牛全已歸空，碧空廣大浩瀚音訊難通。赤紅熔礦爐的火燄中難容積雪，到此境地才能合乎祖師宗旨。

「碧天寥廓」是青天浩瀚廣大之意，「信難通」是音訊下通之意。「紅爐燄上」等是長鬚獲得石頭的印可時之語。《碧巖錄》的第十九則的垂示中說：「紅爐上、如一點雪」。意指抓一把雪丟進熔爐內瞬間即溶化。「方能合祖宗」是說若能達到此境地才能稱為是祖宗門下的禪者。六祖慧能說「本來無一物」，即此之謂。

接著來看「序」——

> 擺脫凡夫的迷惘，聖人的徹悟之心也一切皆空。唯不需在佛所在之處悠遊，也必須趕緊通過佛不在的處所。凡與聖的兩個世界已不存在，縱然是觀音的千里眼也無法窺視。百鳥銜花前來供養只得一場的恥辱。

「凡情脫落、聖意皆空」是指凡情和聖意都是修行者的陷阱。《禪林僧寶傳》卷三的「風穴」章中說：「凡言句，若無滯凡情則落聖解。乃修行者之大病。先聖憐此而設方便。有如楔拔楔一般。」「有佛處」是取自趙州的「有佛處不得住，無佛處即走過」。「兩頭不著」的「兩頭」是指人與牛、凡與聖、有佛與無佛。「不著」是不置之意。「一場懡㦬」是丟人現眼的一幕。「一場」是戲劇的一幕。

這是在前述「第七」的最後部分早已陳述的「佛向上」的境地。

釋定光禪師臨終時並沒有像一般禪僧留下遺偈（禪僧臨終時所留下的辭世語）。禪師不吟詩著述，棄絕個人一切的享受，只為眾生普渡而優游於菩薩行蹤。他雖然是位禪僧，卻有律僧的另一面，個性認真篤實，因此並沒有和其他禪僧一樣有空在偈頌上下工夫，也無暇練習書畫。如前所述，對觀世音菩薩而言，普渡眾生正是遊戲三昧。因此，除此之外並不需要追求為個人的「遊戲」。

定光禪師也是如此，連學習詩偈的時間也吝惜。最後並沒有留下任何偈頌，不過，聽說只留下「大空無相的般若法門委實難得」一語而圓寂。禪師所謂的「大空無相」的心境正是第八「人牛俱忘」的境地。並非自我皆空，而是連其空也空然的「絕對空」的境地。

不僅忘卻凡夫的迷惘，連聖人的徹悟也一切皆空。徹悟成佛又超越其佛，這就是所謂的「佛向上」（佛之後）。既然無需在有佛之所優游，更應該迅速通過有佛之地。既然已不存在凡或聖、眾生或佛的二次元世界。佛向上的人的境地即使是千手千眼的觀音也難以窺視。

某哲學家曾說「連神也遺忘時就有真神」。縱然「無位真人」是何等地尊貴，然而若認定其存在並以其為目標時，就已不再是「無位」了。雖然必須「徹悟」然而若固執於此境地則受「徹悟」的束縛。若迷惘是「鐵鎖」徹悟則變成「黃金鎖」了。當徹悟也變成枷鎖束縛自身時，真人就失去其本來的「自由」，這就是其所謂的「金鎖之難」。

諸如這般認定本應「無位」的「真人」，變成夜郎自大，滿身禪臭的「野狐禪」的禪者何其多。

「空」的境地如碧空般遼闊無際，連音訊也無法通達。它彷彿白雪無法置身熔爐一般，「本來無一物」也無所謂的佛、徹悟或真人的區別了。

這也就是達摩所謂的「廓然無聖」（《碧巖錄》）。唯能到達這個境地才能說是「祖師禪」的宗旨。

在此有一則有趣的故事。據說牛頭法融首次獨自在山中坐禪時，有眾多的鳥兒口銜著花朵前來，讓雨滴在花上，讚歎法融所體會而得的「空」的境地。但是，自從他與四祖道信禪師相見參得真正的禪之後，鳥兒們已不再銜來花朵沾上雨滴給予讚歎了（《傳燈錄》卷四）。

剛開始鳥兒們也能發覺法融身為聖人的尊嚴、神聖，所以帶著花朵沾著雨露給予讚歎。但是，當法融達到真正的「空」的境地時，已經進入不僅是百鳥，連觀音的千手千眼也難以窺得的境地了。如此一來，鳥兒們也覺得珍貴的「空」是膚淺的空，那種顯得可貴、表示徹悟的聖人們的境地，只落得「一場的丟人現眼」，真正的「空」的境地是「佛向上」。

第八「人牛俱忘」就是達到這種「畢竟空」「絕對空」的超然的「真空無相」境地的階段。

若無「徹悟」則非佛法。但是，曾經有過的「徹悟」絕非佛法的極致。唯有在「佛向上」的「佛之上」才有真正的「空」（畢竟空）的至上境地。這稱為「真空無相」。但是，這個說詞也可能使人把這裡所謂的「空」誤解為什麼都沒有的「空」（但空）。因此，《十牛圖》在其次又有第九段的「返本還源」。

佛陀四十五年的教法全是「應病給藥」的方便。若治癒「病」就不需要「藥」。無病者也不需要藥。無病和健康本來就是人的「正常」、「本來」。所以，「病」是「非本來」。

人真正的健康大概是連健康也毫無所覺。但是，健康的自覺卻是由疾病而產生。佛陀的教法連真正的健康也毫無所覺，由人「本來」的「正常」出發將「非本來」返回「本來」的方便。一旦回到「本來」，藥物及教法已無用武之地。何謂「本來」那就是大乘佛教的「空」思想的禪定。這稱為「人牛不見」（且忘）。

「第八人牛俱空」的圖是要描繪「本來」的「空」，而在圖上以一個大圓表示，這稱為「圓相」。然而它並非只是虛無（所以，才有接下來的「第九」及第十）。到底何謂「圓相」？

連健康也毫無所覺時才是真正的健康。渡過河後竹筏已無用處。事實上不僅是已無用處，連渡河、歸家之事也不需要了。不僅忘記蹄，連兎也遺忘。不僅忘記「言」（語詞＝法）連「意」（宗旨）也忘記。捕獲兎、得意的「目的」意識在此階段已不見蹤影，這就稱為「人牛不見」。事實上從「第一尋牛」到「第七忘牛存人」的所有階段都有「向上」（往上）的意識，而在此所重新探討的就是這種意圖。

具有「目的」、「意圖」（意識）時尚未真正悟道，連健康也一無所覺才是真正的健康。正如做為攀爬屋頂的樓梯。一旦爬上屋頂，對在屋頂上工作的人而言，樓梯已無用處（話雖如此，在攀爬樓梯的圖中若說梯子已不必要，只會落得梯墜而人也倒的景象）。

那麼，達到「目的」又如何？如前所述，只有尚未達到目的者才會說「目的、目的」。既已達到目的地便已無「目的」可言，所以，接下來只有「遊戲」。在此所要談的是「遊戲」，它是人生的真正目的。問題在於那是什麼樣的「遊戲三昧」？而這也就是前述的「觀音」行。同時，這才是接下來的「第十入鄽」所明確指出的禪佛教的最終主題。

我們再把話題返回何謂「圓相」的問題。不過，前面所陳述的是闡明「圓相」的重要前題。

在「第八人牛俱忘」中重新又以「圓相」為問題。為何說是「重新」？因為在廓庵的《十牛圖》中，事實上早在「第一尋牛」就有「圓相」的存在。所有的「圖」全是版畫。一開始就在雕刻有「圓相」的版木中描繪。周邊全是黑色。希望各位能發覺到「第八人牛俱忘」時以前所呈現在表面上的主題的「人」和「牛」已消逝無蹤。隨後所呈現的「脫落的空白」就是這個階段的「圓相」。廓庵並不是在這個階段重新描繪「圓相」。「圓相」其實是「圓窗」。「圓窗」從「第一尋牛」到「第十入鄽垂手」都出現在版畫中。並非在此階段重新描繪。只是中間的人與牛消逝不見後才讓人發覺他的存在罷了。

一再地強調「第一尋牛」是從途中開始。在此要重新檢視這個「途中」的事件。由於尋找牛的這個繁忙的事件而使人疏忽的「圓相」，在此終於裸露其全貌。這是到了「家舍」「牛」及「人」俱忘的結果。重新嶄露原貌的「圓窗」事實上是「第一尋牛」以後的主題。更可以說是接下來的第九、第十，《十牛圖》的全篇主題。

我們已經明白在這個階段銷聲匿跡的「人」與「牛」，事實上是「圓窗」的「假象」。因此，所謂《十牛圖》乃是十張「圓窗圖頌」。至少「圓窗」在下面的「第九返本還源」的階段發揮了極大的效力，而更頗饒興味的是天理本（日本天理圖書館所藏五山版《五味禪》的教科書上到了第十圖周邊雕成白色，這似乎也是這個作品所具有的新主題。

如前所述，相當於普明的《牧牛圖》的「雙泯第十」是廓庵的「第八人牛俱忘」。廓庵是把普明的十個階段濃縮在「第八人牛俱忘」以前的部分，然後再添加「第九返本還源」與「第十入鄽垂手」二階段。廓庵的新架構在此已清楚可見。普明的《牧牛圖》到了「第十雙泯」才出現「圓相」。即「圓相」是在「第十雙泯」的階段才描繪出來。因此，從第一到第九全都是「人」與「牛」的圖畫，與「圓相」毫無關係，這正是和廓庵所不同之處。

廓庵並非在此重新描繪「圓相」，而是「圓相」一開始就存在。所謂「圓相」是什麼？我認為那是一種「場所」。一般認為「人」和「牛」是「圓窗」的「假象」，不過我卻認為是日本西田哲學所說的「場所」上的「存在的事物」。根據這個想法就可明白從「第一尋牛」到「第七忘牛存人」的階段皆帶著「向上」（往上）的意識，並明瞭呈一直線地前進而來的原動力，亦即明白真的在「一開始」就已存在的事物是什麼了。「人」與「牛」都處於「無」的「場所」。「直線」是位於「圓環」上。所有的一切都是「無」的「場所」的自我限定。而認為「宗教」是「佛的御催」。亦是我所謂的「初有大悲」。在接下來的第九及最後的第十將更明確地闡明這些事例。

和——

慚愧眾生界已空，
箇中消息若為通。
後無來者前無去，
未審憑誰繼此宗。

何其難得啊，眾生的世界已皆空，
如何傳達其中的消息呢？

既無前人也無後來者，
該託付誰繼承此宗旨呢？

「慚」本來是自己感到羞恥之意，「傀」本來是對他人覺得羞恥之意，在此的用法極為特殊，是何等愉悅、不勝感謝。也可反覆說成「慚愧」「眾生界已空」並不只是迷惘的凡界，連徹悟的聖界也變成空。「箇中消息」的「箇中」是其中之意。與「此間」同。「消息」是由時間的變化、推移轉而成「音信」。是指情況、事情安否。「若為通」為自問語。「若為」是如何、怎麼樣的疑問副詞。「後無來者前無去」是斷絕往來。「未審憑誰」的「未審」是究竟疑問詞的強調語。

弘揚佛道者是誰？是「人」與「法」皆空時（人法二空）到底誰會繼承這個「箇中消息」呢？

第九　返本還源

返本還源　序九

本來清淨，不受一塵，
觀有相之榮枯，處無為之凝寂。
不同幻化，豈假修治，
水綠山青，坐觀成敗。

頌——

返本還源已費功，爭如直下若盲聾。
庵中不見庵前物，水自茫茫花自紅。

返本還源　序九

返回本來空一塵不染，
觀看現象世界的盛衰榮枯，處於超越人為的境界。
既然已不同於空虛的幻化，何必虛勢偽裝，
川水綠高山青，靜坐觀看萬物的成敗。

頌曰——

返回本源時幸發覺以往所耗費的努力，
倒不如變成瞎眼、聾子的好。
草庵中不見草庵外任何景物，
水逕自無止境的流，花依然嫣紅。

「第九返本還源」是返回本源的階段。從第一「尋牛」到第八「人牛俱忘」是呈直線性「向上」的一路走來。但是，在第八「人牛俱忘」的階段，已隱約地看見處於背後尚未自覺的「圓相」。直線性的求道已經結束了，第八、第九和第十是「一圓相」的體、相、用。

同樣地由頌開始解析——

> 返回本源時，才發覺以往所耗費的努力，倒不如變成盲人聾子來的好。草庵中無法看見草庵外的任何景物，河水無止境地流逝，花朵依然嫣紅。

「返本還源」本來是天台的「止觀」用語。闡述所謂「六妙法門」數息觀「數、隨、止、觀、還、淨」的六法時，「還」的階段又分為「修」與「證」，而在「還證」中可見「心惠開發不加功力、任運自能破析返本還源」。不過，此處所謂的「返本還源」是敘述毫無意義、徒勞無功的感

想。《傳燈錄》卷二十八南泉語錄中有「我在修行時代聽聞返本還源，幾乎誤身」。由此看來南泉更進一步將「返本還源」返本，而追求「一箇痴鈍之人」（參照「第十入鄽垂手」）。

「已費功」是以往所曾經耗費的努力之意。「費」是使用。但是，並不純指枉費。有關此點容後再敘。

「爭如直下若盲聾」是取自《碧巖錄》第八十八則的「玄沙三種病人」的公案與雪竇的頌：「獨坐虛窗下、葉落花開自有時」之語。有人問該如何向染患盲、聾、啞三種疾病的人傳達佛法？雪竇回答說：「坐在四下無人的虛窗下。」在無人的窗下依然春天花開、秋天葉落，自然不會停止四季的聲息。而「無我」的「真人」中有如「水自茫茫花自紅」的「真如」的「自然」會逕自呈現。

其實佛陀的教義並不難（佛法無多子）。那是「無我」之時「法已顯露」的教義。所謂「盲、聾、啞之人」是「無我之人」。雪竇所謂的「虛窗」是指「本來清淨、不受一塵」的「人牛不見」的「無」的「場所」。

另外，「庵中不見庵前物」是根據雲門對乾峰所說：「法身有三種病、二種光。須是一一透過，更須知向上一竅。」所回答的：「庵內人不知什麼庵外事。」（《從容錄》第十一則、《葛藤集》第十七則）之語。「庵中人」為何不見庵外物？看不見是理所當然。若看得見是「一塵」。因為「庵中」之人是「人牛不見」的盲、聾、啞的「無我」之人。

「沒有自我時、全是自己」，是「自他不二」、「物我一如」。所以他並不區別「庵中」與「庵外」，一切都已成為「真如」的「自己」本身。他處於「虛窗」不見庵外景物。鏡清的「雨滴聲」也是處於「虛堂」中。而雪竇的「虛窗」也是這種「無」的「場所」，「其上的事物」是「無」本身裸露自己的「如」或「自然」。

「人牛俱忘」是所謂的「色即是空」，一切皆空的「真空無相」的境地。但是，「真空」並不只是「無相」的否定門。「色即是空」反過來說是「空即是色」必須走出「妙有」（斷絕凡夫思議的存在）的肯定門。「無相」本身是「妙有」時，就存在著「真如實相」的世界。所謂的「如」（Is-ness）在此稱為「本源」。

第九是「返回本源」的階段，在這個階段才首次回歸「本來的自己」。而「如」亦可稱為「柳綠、花紅」，這才是真正的「自然」。這和英語的nature所翻譯的「自然」不同，「真空」是無相同時也是妙有。這裡將「空」乃至「東洋的無」稱為「創造的無」和西洋的nihilism（虛無主義）有所不同。

在此附帶一提，前面稱為「歸家」在此稱為「還源」。正如前述「歸」是落實於應安定之處，而「還」是去而回、返回出處之意。本源亦即由「家舍」來到「途中」，再由途中返回同樣的途徑，在此我們已可發現返回「本源」（家舍），即是走到接下來的第十段「入鄽」（途中）的消息。

因此，在「頌」中發現返回本源時，本來即是回歸「如」（原有、原貌）的世界，而感嘆以往何以枉費那麼許多的努力，既然如此倒不如像盲人、聾子一般什麼也看不見、聽不到的好。因為看得見、聽得到才累積如此漫長的修行的努力到達本來的「如」的境地。

廓庵將經過「第一尋牛」到「第八人牛俱忘」的階段，來到「第九返本還源」的修行的努力（一筆勾下）。但是，這絕對不是說以往所花費的努力全屬枉然。正因為經過這些白費心機，才能看見「虛窗下」「葉落花開」「自然」。

所謂「如」是「自然」的世界，亦就是「水自茫茫」「花自紅」。但是，事實上這個「妙有」，唯有藉著人牛俱忘的「無相」才能真正呈現。若以原本具有的本來底而言，即是「返本還源」，若基於經過以往的努力，才使「如」以如的真象呈現出來的角度而言，也可說是完全嶄新的創造。

而說完全像盲聾一般完全看不見、聽不到的好，是處於庵中的人無法看見庵外的景物。然而「庵中」之人若在「虛堂」的「虛窗」下，則是「無我的我」、「無位的真人」。真正成為斷絕內外的「無位」的真人時，才能看見「柳綠、花紅」的真如。

「序」的說明如下——

本來空而一塵不染。處無為靜寂的境地觀看有相的榮枯。此空與幻化不同，何需矯飾作假。川水綠高山青，靜坐觀看萬物的成功與失敗。

「本來清靜，不受一塵」是潙山之語（《傳燈錄》卷九）。《寶藏論》的「本際虛玄品」中有言：「本際自性清淨、體無塵垢。」同時《人天眼目》中亦言：「實際理地、一塵不受。」「觀有相之榮枯、處無為凝寂」是觀看世間轉變，靜止於無相無為的凝寂中。是正處於「止」（禪定）的境地「觀」（智慧）。

「幻化」是木偶戲之木偶。「修治」是根據香嚴偈頌中的「一擊忘所知、更不假修治」。「水綠山青」是「有相的榮枯」的具體表現。

前面說到真人見真如、成為真人後才呈現真如，其實不是見也不是呈現。是「本來清淨不受一塵」（所謂「清淨」是「空」的意思）的「如」本身自我實現成為「如」，亦即「法已裸露」。

處於「人牛俱忘」的「無為凝寂」的境地之「真人」，不區別庵中或庵外據實地觀看世間的榮枯。在「無相」中所建的「妙有」絕非幻化，毋寧是「空華」（開在空中的花），因此，根本不需要自我思忖的修治（修行、努力）。

在「水綠山青」的境地，處於庵中觀看庵外萬物的成敗，這才是真正的「庵中人」。在真空「無相」的靜寂中產生萬物「妙有」的作用，而其作用又消失在「空」的寂靜中。

第七「到家忘牛」之前的修行已到達「真人」的境地。而在第八「人牛俱忘」重新注意真人何以成為「無位」的緣故。經過這些過程後，廓庵接著歌詠第八、第九、第十與「空」的體、相、用三面。

第八「人牛俱忘」是「真空無相」的掃蕩門，第九「返本還源」是「真空妙有」的建立門。但是，在此之前尚不是止於哲學（教相）的宗教（事相）。因此，除了第八的本體、第九的現象之外，最後又敘述第十的作用（機能）。這也正是所謂的「真空妙用」。

雲門唸頌玄沙「三種病」的公案後，所說的「爭如獨坐虛窗下、落葉花開自有時」之語頗饒興味，「獨坐」並不是指坐的人數，應該是面對四下無人的窗戶，花朵逕自開落的景況。所謂「虛窗」就是這個意境。「自有時」所指的就是這樣的時節因緣。

秋天葉落、春天花開各有其「時間」，那是直線性的時間。但是時間中還有一個真的時間。直線性的時間，位於圓環型的時間上，那是時間所存在於該處的「場所」。這種圓環的時間稱為「圓窗」、「虛窗」。是「無」的「場所」。

「人」及「牛」以及「人」牧「牛」、「已費功」的「向上」的一路上也全位於該處。那一切所有都是無相的「一圓相」中的有相的「榮枯」、「成敗」。

所以，廓庵言其為「已費功」時，乍聽之下似乎是否定其為「徒勞無功的努力」，然而事實上卻是肯定第一到第八的「費功」，重新在此把它們定位於「圓相」中的經營。而且這也是第九到第十所出現的另一個新主題「向下」菩薩行的伏線。

一切所有都是「無」的「場所」的自我限定。是「般若」（是「心性本清淨」的自覺）的「波羅蜜多」（完成），也是「本證的妙修」，也是「初有大悲」。

這是在「絕對無」的「場所」所產生的自我限定作用。「虛窗」在「自有時」其處「法已顯露」。所以，一切的「有相」（色）都是「無相」（空）的「圓相」的「空華」。第十段稱為「空華萬行」的「菩薩行」正是如此。

和

靈機不墮有無功，
見色聞聲豈用聾。
昨夜金烏飛入海，
曉天依舊一輪紅。

神奇的自然作用，不會因有為或無為的努力而墮落，
看物聽聲，無需強成聾。

昨夜沉沒於西海的夕陽，

今晨依然閃爍著太陽的光輝。

「靈機」是優秀修行者的勞動。他們不會為有、無而墮落。《十玄談》的「祖意」中有言：「祖意如空不是空、盡機爭下墜有無功。」（《傳燈錄》卷二十九）。

「昨夜金烏」的金烏是指太陽，亦指太陽到了夜晚沉沒於海面，早晨則將曉天染紅。每天去舊除新的大自然運行，一切都在於「無」的「場所」。「色即是空」（無相）亦即「空即是色」（妙有）。

本來具有的老舊「圓相」自覺後，其中的一切所有如今正時時刻刻地在重新創造中。

第十　入鄽垂手

入鄽垂手　序十

柴門獨掩，千聖不知，

埋自己之風光，負前賢之途轍。

提瓢入市，策杖還家，

酒肆魚行，化令成佛。

頌——

露胸跣足入鄽來，抹土塗灰笑滿腮。

不用神仙真秘訣，直教枯木放花開。

入鄽垂手　序十

悄悄掩上柴門，無論何方神聖也不得而知，
隱藏自己的豐彩，亦拒絕重蹈先賢的步塵。
手提瓢壺前往市集，拄著杖還家，
感化酒肆魚販，使其各個成佛。

頌曰——

坦胸赤腳走進店裡，
灰頭土臉笑容滿面。
不耍仙人的真秘訣，
卻能使枯木開花來。

「第十入鄽垂手」是《十牛圖》的最後階段。在第九段已看到「圓相」中直線行的二個方向。一方面回顧以往彷彿是「徒勞無功」的「向上門」的經歷而給予肯定，在另一方面追求今後無心無作的回報，渴望實現「向下門」的菩薩行。這就是大乘菩薩的「大悲」行。宗教生活——大乘菩薩道的真實就在此。

接著同樣地由頌開始鑑賞——

坦胸赤腳走進店裡，灰頭土臉卻滿面笑容，不耍仙人的真秘訣，卻能使枯木開花。

「露胸跣足入鄽來」是「出山的釋迦」的形象。有人向五祖法演問「佛」時，他即用這句話回答。

「抹土塗灰」是隱遁於市井中「灰頭土臉」的布袋和尚的容貌。「大隱不隱山林，隱於市井」。「神仙真祕訣」是變成仙人升上天的祕法。他

並不用父子不傳的升天祕法，只是（「直」的意思）讓枯木開花。真正的宗教所重視的是「大地」而非「天上」。

這是布袋和尚的境涯。坦胸露足走進店裡來，頭陀袋中有各式各樣的物品，因對象不同所掏出來的東西也不一樣，他享受著眾生普渡之樂。

對他而言為了眾人工作就是遊戲三昧。即使渾身上下沾滿塵土也毫不在意。而且他絕不會帶著一張愁苦而不悅的臉孔，彷佛是在向人訴說他在「彌補耶穌基督十字架煩惱的不足」。

滿面笑容地與人搭訕，絕不賣弄仙人的秘訣，只讓彷佛死人的凡天變成佛陀。這就是所謂的「癡聖人」。

「序」的說明如下——

悄悄地掩上柴門，不論是何方神聖也不得知。隱藏自己的豐彩也拒絕步上先賢的後塵。垂手提著瓢壺走到市鎮，拄著杖回家。他就是感化酒肆魚販使其成佛的人。

「入鄽垂手」的「鄽」是「店」，所謂「入店」是指在十字街頭勞動。「垂手」是垂下手普渡眾生之意。有人引堯帝「鼓腹擊壤」之例，稱「垂手」為「垂放下手，什麼也不做」是「無為而化」之意。在此不取此意。

「下化眾生」絕非根據自我的「勉強的努力」所得的道德世界的作為。因此，其中並沒有「直接的眾生救濟的界限」。而是「在人為與善意之前的癡聖人的遊戲行」。

因此，布袋和尚坦胸露腳地走進店裡來，而其心境卻是悄悄地掩上柴門，任何神聖也無法窺視的真空無相。

「和光同塵」是隱藏自己的光彩，也不依循前人所歷經的賢者、聖人之道，只提著瓢壺走到鎮裡再拄著拐杖回到自己的家。這是身為「盲聾啞三種病人」生活於「無我之我」的「庵中人」的境涯。日本天理本的第十圖背景的「圓相」露白，黑白正好相反。

第八與第九的「庵中」的虛窗景色到此往「庵外」開放。只有第十圖是「庵外」的景色，那就是「出山的釋迦」及布袋和尚的境涯。那是一個嶄新的世界，他不嫌棄散發著血腥的殺生的臭魚攤，雖然身為認為醉酒是罪大惡極的佛教徒，卻也能心平氣和地走進酒肆。不論任何角落都有他的足跡，隨處使人成佛。「無位的真人」必須是這種「大乘的菩薩」。這就是《十牛圖》的結論。

「入鄽」是取自同安的《十玄談》的「迴機」中的「披毛戴角入鄽來」。這是指生為牛走進城鎮。「柴門獨掩、千聖不知」是表示市井大隱的心境。

南泉外出時，看見土地神已事先做好出迎準備而感歎自己修行不足，被鬼神洞察心知的故事（《傳燈錄》卷六）。

《臨濟錄》中也有「不如無事、純一無雜。乃至十地滿心菩薩、皆求此道流之蹤跡，了不可得」之語。

「提瓢入市、策杖還家」是隱者生活的典型。「酒肆魚行、化令成佛」是指使凡間俗世立成佛法之意。「酒肆」是指酒店，「魚行」是魚攤。都是俗界的代表。

另外，「布袋」是生活於五代時期的歷史人物。雖然是屬於近世的人物，到了宋代又被神化，被稱為彌勒的化身，成為水墨畫或詩偈的主題，在此亦拈出這種水墨畫的世界。

耶穌基督也曾經因為與徵稅人或紅塵女等人同桌共食而不以為意，結果被惡言中傷是「酒鬼、飯桶」。也許耶穌的相貌並非一臉嚴肅的清教徒而是和這位布袋和尚類似的人。

某女學生在談論禪報告中寫著：「禪是東洋的英智，其中隱藏著卓越的哲學。但是，學習到《十牛圖》第十段的入鄽垂手之後，我才知道禪的極致其實是絕對愛的實踐，想不到『禪』是如此，真是令人驚嘆，內心感佩不已。」

寒松室宮田東珉也曾說：「禪若無『大悲心』，則禪也只是一個哲學罷了。」鈴木大拙在其晚年也經常慨嘆：「今日的禪只顧體得般若的大智，而疏忽了對大悲實踐的訓練。」

禪道佛法的真髓是「真空妙用」的大乘菩薩的「願行」。亦即「帶著永不止息的精進心，為一切眾生實行大悲心」。

白隱在「洞上五位」的最後境地「兼中到」中說道：「傭他癡聖人、擔雪共填井」（雇用那個癡聖人挑雪共同填井）。大拙禪師對此相當感佩，經常說：「由此即可看見白隱是何等的偉大。」第十段的布袋和尚就是這個「癡聖人」。

也有下面的故事。

據說日本天龍寺的關精拙禪師在修行時代，被師匠龍淵命令在德光寺清掃水溝。但是，落葉紛紛墜地。因此，關精拙禪師說：「等落葉積多了再一併掃除吧」時，龍淵老師說：「你在寺內並沒有留下『勞而無功』的著語啊！」

禪宗是只做應該做的事而不尋求回報，右手所做的事不為左手所知，只是心無旁騖地勞動。這被尊崇為「無作妙用」。這正是前面所述的「眾生濟渡即是遊戲三昧」的「觀音菩薩行」。

我覺得以往的真人修行只專注於在山寺中以「物我一如」為目標，鍛鍊與自然合為一體的心境，但是，卻欠缺在十字街頭的城鎮內，我和你的人際關係中鍛鍊「自他不二」的愛的實踐行的訓練。我和你雖然可以區別卻無法分離。所以，若是真正的「無位的真人」應該存活於我和你、自己和他己之間的「不二行」。

心中的一思一念不為自己，只為眼前他己的關係為他人而活。其中只有「無位的真人」「無相的自己」存活，這就是我對禪的實踐篇的結論。

某基督教徒學者也說：「自己越變成無，越有神的充滿。」所謂君子千里同風也。

和——
者漢親從異類來，
分明馬面與驢腮。
一揮鐵棒如風疾，
萬戶千門盡擊開。

這名男子從異類（畜生的世界）投胎而來，
臉孔無異是馬面與驢腮。
牛頭、馬頭的鐵棒，如風迅速地一揮，
不論那家的門戶全數擊毀而開。

「異類」是非人間界的世界，亦即畜生道。「親」是自己、主動之意。這表示並非一開始就是畜生，而是曾經變成畜生又返回人間界的男人。亦即所謂的「異類中行」。這也是南泉經常提及的地方。《十牛圖》的思想背景似乎深受南泉普願的影響。

「分明」是毫無疑問、明確的意思。「牛頭馬頭」是地獄的獄卒，「鐵棒」是其手上所攜帶的物品。「異類中行」是不住涅槃的菩薩的大悲行。「馬面、驢腮」是指觀音的三十三應身。「一揮」是表示擊開「自我」以實現「自己」，使眾生成佛的道力的磅礴猛烈。

附錄　覺醒於現代人的惲悟

1. 空虛導引出喜悅

三祖僧璨問二祖慧可：「弟子的身體微恙，請師父為我懺罪。」
慧可：「何來罪，汝懺悔之？」
僧璨：「求罪不可得。」
慧可：「我為汝懺罪，一切住於佛法僧。」

以上是禪的祖師達摩之後的二祖慧可與三祖僧璨，某次見面時問答。

僧璨可能曾染患天花這疾病，因此，臉上有許多凹痕，古代人認為天花是因罪而來，現代人們的民俗性、宗教性感情仍很強烈，也常有此種心理作祟。

人們都想追求幸福及健康，將自己的理想視為人生最高的價值，因此一旦遇到疾病這不合理的事實，便無法接受，以自己的感情去解釋一切。慧可認為，僧璨並沒有罪，何需懺悔，以求洗清自己的罪孽，罪並未具有實體，它必須在心及行為等條件相結合的情形之下，才會產生。

罪既沒有實體，我們之所以憎恨罪惡，產生罪惡意識，都是因人以自由為中心而思考，受到束縛而無法解放。

目前禪可說已成為一種流行，真的是如此嗎？因禪這個名詞的影響，人們逐漸拒絕流行，拒絕所謂時代潮流中大眾化的事物，學習精神獨立，說禪成為一種流行，不僅令人感到矛盾，也不恰當。

我們看看市面上的出版品，有關禪的書籍愈來愈多，雜誌上對於禪道場的介紹報導也愈見頻繁，當然，其中有許多並非真正的禪，而是現世利益禪。

雖然專心一意坐禪的人日益增加，但被稱為「宗教性消費者」的人也愈來愈多，他們閱讀書籍從事坐禪及參加種種宗教活動，可說是「禪風潮」的主角，然而，一旦他們解決了本身的問題，便會脫離那宗教，亦即，只是宗教的消費者，由此看來，被視為因禪風潮的背景，宗教性的消費者倒是為數不少。

有位天主教神父曾說過：

「現代人的精神危機，在於將人當做神。」

另外一位僧侶則說：

「現代人看不見自己精神上的危機，這顯然是精神的危機。」

將人當做神的意思是說，將自己視為絕對性的存在，也就是不明瞭比自己更有尊嚴的事物。

而看不見自己的精神危機，即是在這個物質充裕的時代，人的慾望幾乎都被滿足了，但是，在此當中也失去了反照自己的鏡子，逐漸迷失了自己。

對於看不見這樣危機的根本的人而言，即使遇到嚴重的挫折感，如果能暫時減輕自己感情的閉鎖狀況，便可獲得救贖。

從此踏進一步，審視自己的人生，必可窺出真正的禪。

佛教及禪學者覺醒於自己的本來面目，究竟要覺醒什麼？其實，它便是教人為自己定位的意思，確定了自己在人生的位置，那麼，人生之路走來不是篤定得多？

人將自己視為神，感到精神上的空虛，便是現代人的寫照，但當自己產生任何一點「閉塞狀況」，跳脫不出來時，人們又天真地想藉助利益宗教、奇蹟性宗教或流行中的禪，以解決自己人生的困惑。

宗教絕非為了解決一時困惑，因此，不能解決了問題便拋開一邊不再接觸，應再進一步，探討自己的定位何在？

要追求真理，如此發願的人才能真正接觸禪。

2.生命無條件存在

道元（西元一二〇〇～一二五三年，日本曹洞宗的始祖）二十六歲時在天童山遇見了中國曹洞禪的長翁如淨（西元一一六三～一二二八年，道元之師）。

如淨說：「坐禪乃脫離『五蓋五慾』之術。」

所謂五蓋即貪婪、憤怒、怠惰、浮躁、懷疑等煩惱；五慾則是財、色（性慾）、食、名（譽）、睡（怠惰）等五種慾望。擺脫以上的慾望。才是禪，如淨禪師的意思在此，但道元禪師感到疑惑，提出質問。

他的疑問是，如果只是要擺脫慾望，便不能有所領悟，跟為了健康而坐禪沒有兩樣。

關於此點，如淨禪師回答說：

「人要擺脫一蓋一慾已經是非常困難的事，如果因坐禪可以改掉焦慮、容易發怒等不好性格的其中一個，便可獲得莫大的利益，到那時候人不是可與佛交會了嗎？」

那麼，「因坐禪人獲得利益時，便能與佛結緣」，這句話究竟有何意義。

我們即使因改善健康、性格，或為了穩定心情等動機而開始坐禪，如果能長久持續下去，自己仍可獲得改變，除易怒的個性可改善外，身體也會變得更為強壯。

當你感覺「啊，坐禪真好！」時，原先的慾望進入了心的世界，這是個超越慾望的穩定世界，使人相信「一切都將更美好」，而此種感覺必會成為喜悅無疑，可用「與佛交會」來形容這喜悅。

換言之，坐禪的動機雖是為了人的利益！但在不知不覺中，自己會相信穩定的好處，它便成為優異的、純粹的禪。

有人常呼籲人們：「來坐禪看看！」心中想著不妨嚐試坐禪時，若無其事的心的行動，已實現了對於心靈寧靜的憧憬。

但是，只是心想「且來坐禪」，不將眼光著眼於自己的本質，結果只能成為一個宗教性的消費者而已。

現代的不幸，有種種不同的形態，但其中最大的問題，即是家庭中愈來愈缺少愛的緣故。

諸如校園暴力、恐嚇同學、夫妻離婚、老人自殺等，圍繞我們周圍的問題，都是因為家庭中已失落了愛而產生。

所謂愛，是對自己本身的存在給予確實的東西。

舉例來說，夫妻這項男女關係，是因男女彼此互相選擇，根據人的意志，因此，有相遇當然也有分離。

但是，他們兩人所生的孩子對自己的生命、性格、親子關係全別無選擇，孩子們存在是無條件賦與的。

因此，對孩子來說父母親的愛是無條件的，必須具有這樣存在的確實性感覺。亦即，孩子所接受的愛，是一種無條件相信的安全感，無論是父母的眼淚或雙手的擁抱，都是讓孩子無條件接受的愛，在此之中，孩子也肯定了自己無條件的存在。

然而，如果夫妻相互憎恨、爭執，從孩子的眼光來看，本應是賦與自己生命的父母，其實也會被慾望及愚蠢所左右。

於是孩子對於自己存在的無條件不再有安全感，開始疑惑，外表上想努力以人的利益加以解釋，但在生命深處對於自己本身的安全愈覺缺乏，而這種疑惑會變成種種自我防衛性行動出現。

同時，因為從現實看不見，年輕人的價值及自我的迷失是因何產生？他們完全無法掌握，無法掌握的不安，如變成具體的不安，便是與家庭的關聯切斷的時候。

在這個時代下，老人所保有的習慣及想法，被年輕人所忽視，這似乎是這時代無法避免的事，長此以往，老人內在的自我意識開始崩潰。如果因價值觀的不同，導致老人與家庭發生衝突，此時，老人很容易對本應是無條件的自己產生疑惑，處於內心混亂的矛盾中，終致迷失了自己，這便是老人之所以會選擇自殺的原因。

某一學生回憶說，他在高中時代曾想過要自殺，當時他正面臨大學聯考這巨大而沒有出口的不安，無以排解。

雖然幸運的是，當時老師及家人都很支持自己，但是，卻沒有人願意傾聽自己的想法與感覺，看見父母為了讓自己進大學，辛勤工作不休息的情形，他有莫大的感觸，但不敢說出來。

就在這樣矛盾中，他愈來愈不認識自己，也愈來愈無法忍受自己，心情沮喪至極，因此想到自殺，他心想如果死能解決一切，倒也輕鬆。

此例中，家庭也是自己獲得安全感的場所，也就是說，這位學生因看不見自己的基礎，失去依靠，因此才陷入迷惘中。

3. 舉手投足反映了自己

人生是什麼?從何而來?要走向何處?凡人都會有此疑問。

買東西這個行為，即表現自己的人性，這便是禪所謂的「全機現成」，「機」指機能之意，「全機現成」便是我們的所有人格完全展露出來的意思。

無論是鞋子的穿法、打招呼的方法，在一舉手一投足間，我們的過去與我的生命，都是心所反映出來的，因此，我們的一舉手一投足都要認真而行，這便是禪的生活方式。

「工作便是發現自己，自己選擇的工作。」

同樣地，有一首詩說：

鳥選擇棲息的樹枝，
樹枝等待棲息的鳥。

鳥兒與樹枝的結合，使兩者都穩定下來，兩者的結合，也似乎有不可思議的必然性，當自己與工作的關係達到滿意的程度，工作穩定，感到不可思議的必然性時，你必然真正充實。

教人肯定如此的自己，便是禪的目的。

那麼，我們真的想要肯定自己嗎？

在物質充裕的時代，自我肯定或許只是暫時性的，但一切都是肯定自己的方法。

愛好音樂或愛好詩、愛好工作，或者，供給家庭的經濟來源、養育子女、繳納住宅的分期付款及儲蓄，都是肯定自己的方法。

有人或許希望當一個劇作家，被全世界所認同，有人想做演藝人員，立定成功的志願。但是，這是個相對性的世界，有許多的競爭，有競爭便有對手，而強中自有強中手，終有一天你會被淘汰或打敗，重新回到黯然無光的生活。

因此，透過相對性世界中的工作及趣味，強化自己存在的本質，能如此肯定自己時，人便能真正甘於平穩的生活，不憂不懼地過自己的日子。誰能不愛自己的家人呢？有緣同在一個屋簷下，縱然家人有再大的錯，我們也能原諒他並接納他。

根據一項調查，在小學或幼稚園中，如果老師出題讓孩子畫自己的母親，只能畫出母親背影的孩子正逐漸增加。

顯然地，現代的母親在孩子的心目中，已不再具有「正面」的位置，份量也愈來愈輕。

這是因為現代的母親因工作的影響，為孩子所付出的心血相對減少，不像從前，母親總是無條件跟著孩子哭泣、喜悅、歡笑、憤怒，孩子的一切就是自己的一切。

佛教教義中，煩惱的最大根源稱為「貪」，也就是欲求不滿，永遠有「不夠」的感覺，或稱為「貪婪」。現在被認為是富庶的時代，但真的是

如此嗎？

我們缺少的是什麼？「愛的缺乏」是現代人慢性化的「貪婪」，孩子們心理的問題，家庭的糾紛，青年的心理，基本上都是家庭的問題及自我認同的問題所致。

當面臨無法選擇的抉擇時，無條件地自我肯定，才是禪，也是尋回自我的道路。

4. 心的不可思議

達摩面壁時。二祖慧可立於雪上，臂斷表明向佛之心。

慧可：「弟子心未安，乞師為我安心。」

達摩：「將心帶來，為汝安之。」

慧可：「求心不可得。」

達摩：「為汝安心矣。」

從五世紀至六世紀，菩提達摩將發源於印度的禪傳入中國，他晉見了梁武帝，但因機緣未成熟，之後便進入嵩山的少林寺，面壁坐禪長達九年。所謂面壁，便是面向牆壁而坐。

神光慧可（二祖）為了追求正式的佛教，前往雪深的山中拜訪達摩，但達摩對他不肯多看一眼，下定決心的慧可，於是斷臂以表明自己的向佛之心。

在此問答中，慧可因未得到真正的安心，因此想求達摩為其安心，對於此要求，達摩回答他。若你將心帶來，我便為你安心。

但是，心本身並沒有實體，它有時以愛表露出來，人們始終無法發現，是因為恨所蒙蔽。心是緣起，由於條件的和諧，產生作用，如果想用人為的力量創造緣起，人便不再有愛、憎等情感，人的一切都是由因緣產生。

雖然坐禪可帶來心的安定，解決我們心的矛盾，但從更廣泛的層面來看，它並不能解決所有的問題。

首先，佛教對於產生問題的心，認為是因人的煩惱及愚昧而產生，執著於心的治療，最受矚目的便是領悟。

關於此點，精神上的疾病不僅止於心的原因，身體中荷爾蒙的不平衡或家人的態度，也都是致病的原因，因此，精神疾病需要由病理學、社會學的角度來考慮，才能達到治療的目的。

當我們有了煩惱與疾病時，為了解決問題，需先解放心靈，這是兩者的共通點。因此，坐禪對於神經衰弱或陷溺於孤獨的人，具有某種程度的效果。

但另一方面，也有神經衰弱症患者因坐禪而自殺的例子，為何如此呢？心的疾病是因對自己過於束縛、執著、想得過多、喪失自己、產生妄想，多半神經衰弱症患者都有此傾向，如果在此情況下坐禪，反而可能導致不良的後果。

因為，坐禪不僅是坐下而已，它的洗手、沐浴，甚至連走路的方法，一切都跟日常採取不同的文化模式，對於有心理疾病的人來說，無疑是十分沈重的負擔。

再者，為了鼓勵參禪者，指導者往往要求他們將在日常生活不易拋棄的自己，在坐禪中完全拋棄。因此，當參禪者有所遲疑，或打招呼的方式模稜兩可時，指導者便毫不客氣地向其喝斥，因為一聲怒吼，參禪者反而突破了自己的殼。

同時，坐禪乃孤獨地沈潛於一個人的世界中，這時候，如果讓對事物過份偏執的病人坐禪，其心理的負擔將更沈重，因此，基本上來說，讓有疾病的人坐禪，可說並無益處。

5. 痛苦來自觀念

有位男性曾傾訴說：

「我一向過得很順利，但卻在公務員高考時遭受重大打擊，這或許是自己的命運，除了感嘆之外，只有莫可奈何地接受。

但繼之一想，自己的能力並不差，絕不致被排除在大學門外，怎可輕易相信命運，我開始對自己的愚昧感到可笑，想出種種理由告訴自己：一定要重新站起來。

現在，對於落榜的傷感，在某種程度上我已能接受，我更明瞭，今後將有更嚴格的試煉，如果我像以前一樣，沈溺在痛苦的深淵，便不可能有所進步。」

他又說，上課時書中談到，每個人都必須經過一死，但如果每個人都不珍惜自己的生命，任意結束自己的生命，將帶給別人無法抹滅的痛苦，人活著就有一種責任，為自己、為愛你的人保重身體。

顯然地，他已瞭解自己生存的前提，這也正是佛教中的重要理念。

這位男性由自己的體驗中，領悟到重要的事。

公務員高考落榜是一項客觀的事實，而自己的觀念所無法接受時，便產生了痛苦。因此，痛苦來自觀念與事實的差距所產生的適應不良狀態。

我們如果想以客觀的心態去看世間的一切，想消除憤世嫉俗的惡習，讓自己生活得心平氣和，便得先接納自己，接納自己並非劃地為限，而是認清自己，接納自己的因緣，接納一切發生在身上的事實，從自己的本質出發，去過實現的生活。

任何人都有其優點及缺點，有其特別的能力、經驗及機會，你是獨一無二的，唯有能接納自己，生活才有可能變得朝氣蓬勃，充滿喜悅，否則便等於否定自己，迷失自己，獨嚐生活上的空虛、寂寞及無奈。

生活絕對是主觀的，它是自己本質的投射，如果我們無法接納它，便看不出生活的可貴之處。每一個人無時無刻不在扮演一個獨特的角色，無論當時你喜歡與否、高興與否，你終究仍需生活。既然如此，為何不欣然接納它。

許多人面對現實的遭遇時，第一個反應都是先挑剔自己，然後拒絕接受現實，一心想逃避它。因此牢騷滿腹，激動起來，往往做出錯誤的決定，甚而挺而走險。

禪的生活態度應是接納，而非逃避。無論順逆、苦樂或得失，全部予以接納，只有接納才有喜悅，唯有接納，才知道痛下針砭。

禪的本質是不造作、不逃避、不假外求、不守空修定，而是踏踏實實地去接納生活，實現生活。

你可能為趕不上公車而抱怨不已，但為何不為搭上下一班車而慶幸呢？你埋怨為上班打卡而慌亂趕路，為何不為自己擁有一雙健全的雙腿而慶幸呢？

你每天匆匆忙忙地上班，為何不提早幾分鐘出門，享受從容不迫的氣氛呢？人唯有投入生活，實際體驗到生活的本身。才感受到自己便是整個大自然節奏的一部份。

我們平常生活的各種際遇，無論是家庭中、工作中所發生的，乃至觸目隨緣所看到、聽到或聞到的，無不具有深遠的意義，都能啟發心智，陶冶心性，引發我們悟入甚深了義的精神生活。

禪者將這些觸目隨緣的際遇稱為無情，而生活便是以「正法眼藏」去聆聽它的說法，看出它的光明面及豐富的意義。

禪者認為，人若想擁有成功的生活，便必須由日常生活中，看出無情所洩漏的啟發性。如此才可能勘破一切隱晦的煩惱，掌握光明的人生，在種種經驗中得到教訓，孕育剔透明睿的智慧。

更具體來說，人必須從挫折及失敗中學會成功的訣竅，在得意和成功中學會謙虛，在順逆反覆的際遇中，認識生命的無常，在耳聽目遇的色相中發現理則。

唯有真正懂得無情說法的人，才有可能成為一位有創造力、有智慧的覺者。

6. 心境的作用

人們的心境會為了芝麻小事而引起變化。人的感情在「六境」、「六根」、「六識」等三者相互關係中，經常搖動不定，尤其往往因環境的刺激，或身體狀況等差異，而直接、間接地影響到感情的起伏，結果行動上的選擇也不盡相同。

此外，更為重要的是，對事物的感受，而產生腦部知覺的作用，則依據所儲存的記憶，或過去的心境如何而定。

尤其對價值的判斷、心態的習慣如何影響最大，此種影響如果以現代人為例來說明，則最易瞭解。

當外界的刺激聯結於身體的感覺器官時，便將資訊輸入腦部，此時，擔任如同電腦機能的腦部，則依據過去所儲存的資訊或知識，來判斷新來的刺激，不過，問題在於腦部的這電腦內所判斷的指令，究竟是如何組成的？

選擇輸入的資訊，而予以判斷的基準有二：一是我們與生俱來的「本能」，另一種是出生之後，所儲存的「記憶」，而這兩種都以心態的習慣來選擇人們行動的方向。

因此，一旦接觸到外界的刺激時，此本能及記憶兩者的判定標準，將發揮濾色鏡的功能予以選擇，並依自己有利的方向採取行動，結果，又被儲存為記憶，並不斷以此種方式重演，週而復始，不過，在此一板一眼的過程中，電腦的判定基準卻不時在變化。

根據大腦生理學來說，人的腦細胞中所包含的蛋白質，高達一四〇億之多，並且自出生到死的細胞分裂，只有成長而不會增多。但是，人一過了二十歲之後，一天內將有十萬個腦細胞死亡，亦即，我們的腦部內儲藏了許多「壞燈泡」。

一天十萬個，則一年有三千六百五十萬個，十年有三億六千五百萬個，三十年中竟有十億個腦細胞歸於死亡，而在人們的一四〇億個腦細胞中，有活動者有四十億個，因此，三十年內將有四分之一的腦細胞死亡。

但是，大腦中的頭前葉十分活躍，是對任何事物最感興趣的地方。因此，隨時吸收新資訊來製造新思想或記憶，此時，原本處於睡眠中的一百億個細胞將會醒來，並每天動用十萬個以上的「機動部隊」，在此種情況下，約有十萬個腦細胞死亡，另外喚醒十萬個以上腦細胞，其間兩者相抵而產生多餘的腦細胞，人因此獲得進步，反之，相抵結果為負數時，必是退步的人。

大腦的細胞，亦即記憶資訊如此經常更替換新者，電腦的判定基準，必會經常不足，這是不容否認的事實。況且，往往新輸入的資訊，便以習慣性被儲存在檔案中備用。

但是，一天超過十萬個的腦細胞被喚醒時，究竟以愉悅之心輸入，或以憤怒之心輸入，對下次資訊的選擇也不盡相同。

俗語說：「罵人無異辱己。」凡是幸災樂禍者，本身反受其害。相反地，善必有善報。因人們的所行、所思都被記憶於大腦，並以此儲存的資訊，選擇下個資訊。

然後，再輸入新資訊，將參與下個選擇行動的基準，因此，不時懷著善心的人，其行動始終傾向於善事。反之，滿腦子邪惡念動的人，其行動多半偏向於惡事。

7. 緣起之理

《般若心經》為佛教基本的教理，它不但以極少的二百七十六字詮釋了佛教教理的基本概念，並且是超越教理上教條主義的偉大經典。是一部極為著名的經書，因此有許多人翻閱，其中一節中說：「色即是空，空即是色」，更是大家耳熟能詳的一句。

據《般若心經》的說法，所有的苦，如不安、焦慮、恐懼、煩惱等，都因「空」的概念而轉換改觀。

何謂「空」?凡欲理解它，則非領悟「緣起之理」不可。

「緣起」是佛教教理中最基本的觀念，也是釋尊哲學的基礎。所謂「緣起」，即是「因緣生起」之意，亦即，所有的現象都由於因緣(條件)而生起。緣為條件的集合，起為存在之意，因此，存在可說是條件的聚集而產生。

舉例來說，孫子們去看祖父，在祖父的眼中，他們是一群可愛的孫子，但孫子們竟折斷了祖父最喜歡的盆栽枝葉，本是嚴重不可饒恕的莽撞行為，但是，對方是可愛的孫子，祖父內心雖然極為不悅，但此時必會抑制怒氣說:「不要緊，東西遲早會毀壞的。」

如果這件事是發生在鄰居調皮搗蛋孩子的身上，情況便又完全不同了，祖父必會怒髮衝冠，跑向鄰居大罵一頓，甚至提出嚴苛的條件，要求處理善後。

由此可見，一切事物都因「條件」的聚集不同，結果亦迥然相異。如此以種種條件互為作用而產生的事物，在佛教上稱為「五蘊緣起」。

每個人的肉體、家庭、愛憎等情緒，一切都是條件達到調和時才存在著。但是，條件會產生變化，逐漸變化的存在，即稱為「無常」。

然而，此種變化與本人的利益無關的存在繼續變化下去，亦即，所謂存在是人的利益以前的東西，這便是「無我」。

既然我是以緣起、無常、無我的形式而存在，這個我用我的意識是捉摸的，那麼，如此是否失去自己呢？於是條件聚集支配了自己，支持自己的實感，這便是「空」。

凡事都因緣而起，諸如生命、愛、憎等也都因緣而起。但是，一旦失去「緣」，便會引起變化，但對於此種變化，我們自無需煩惱。

那麼，「色」的本性，究竟在何方？

凡事都以「色」的假象而呈現於外。有緣的生命互為生存，有緣則互為信賴，有緣則互為傷害，甚或憎恨不已。

因此，真理只是存在於其假象內而已。

至於「色」與「空」，都必須同時認定，亦即，不可將目前的每一事物視為空，而應視為色而善待它，這便是「空」的觀念，也是「空」觀的生命所在。

雖然如此，但人們總是喜生厭死，被欲、迷所污染，視污穢者為美麗。更見增而悅，視減為苦。

不過，若能透視本性原是空者，即使面對愛、憎、生、滅時，也能超越而無絲毫執著心。須知，凡事都以真理（空）為本性，而以形表現於外。同理，心欲雖有污穢或澄清的時候，但執著心卻超乎它，因為在比較美、污之前，已具有純潔真心的緣故。

凡是事物、名譽、健康等都有增減的喜悅、悲哀，但無執著心即能超乎它，這是由於在執於增減之前，已具有寧靜的心境。因此，只要能留意於此，那麼，任何煩惱都可迎刃而解。尤其居於空觀立場時，不但不會執著於無明，甚或愛欲、苦惱等都被一掃而空。

無明的根本欲、愛、拘泥、活力都因緣而起，因此，本身並無滅失的可能，並且永遠不斷重演，週而復始，因緣而生起不止。不過，一旦領悟了空觀，便無執著於每一現象的可能。

總之，只要不執著於每一事物、現象，終究會獲得真正的自由心靈。

空並不是百物不思，形同槁木的心智，而是活絡自由，讓自己本性中的創造力得以舒展，實現圓滿的人生。因此，空不是厭世，相反地，只有懂得心理空間道理的人，才能真正的入世。

當我們能淨化心靈，我們便能見性，所謂見性便是展現真如本真之性，去過實現性生活，當一個能在空與有之間跳脫出來時，才真正體會到一切無礙的豐足感。

「空」這個法門不但能洗淨現代人心中的焦躁與煩惱，也是回歸到創造性生活的唯一途徑。

緣起、無常、無我、空等真理，若從心的作用上加以驗證，便是五蘊緣起。

所謂「五蘊」，便是構成自己意識的五項要素，具體來說，則如下列五項。

第一是「色」，即指物質或對象。物有光才稱為色，以物為對象而存在的同時，我們本身的肉體也成了物，誠然，如果我們沒有眼球，便無法認識物。

第二是「受」，感覺器官的收受之意。因為感受而與對象交會，與其接觸的條件，便是「受」。

第三是「想」，與腦部的記憶中樞照會，判定對象形狀的功能。

第四是「行」，判斷對象的意義，對自己的價值是善或惡，是好或壞，是損失或獲得，是危險或安全，可說是一種自我防衛性的價值判斷。

第五是「識」，根據判斷，決定自己的行動的階段，亦即，接收前述的受、想、行，而加以綜合、整理，然後做為自己的意見，或行動的依據。

「蘊」是「聚集」之意，而人心的動向是由這五項條件所聚集，並且互為作用而成立。「色」為物質，而「受、想、行、識」則是屬於精神層面。

換言之，人們心靈的現象，是環境的刺激、感覺器官及意識等條件所聚集，並依其條件的互為作用而構成。

當這五項條件達到調和時，人的意識便開始活動，如果沒有對象的刺激，心便停滯不前，如果沒有對象也沒有感受，以感受來說，沒有經驗的判斷基準或欲求時，心的作用便無法產生。

因此，意識活動是一種「緣起」，且欲求與判斷基準隨著狀況而經常改變，因而有所謂「無常」。

產生某種意識時，本身雖認為確實出自本人的意思，但其實這是因身體的狀況或好惡感覺所支配的心發生作用，也許本身意外地無法擺脫這些條件的支配，如此一來，意識便是「無我」。

然而，彷彿似有若無，似無若有，實在無法掌握，便成了「空」。「蘊」有起火的意思，我們的意識如同五蘊緣起、空一般在發作用。

禪家對生命的態度是真空妙有，人生在世不過數十寒暑，再長壽的人也只能活到一百多歲。人終究要歸向死亡，所有的努力及執取，乃至軀體色身，都會隨著死亡而消亡。

因此，釋迦牟尼說：人生是「無常」的！生老病死是「苦」的，一切的現象都將隱沒於「空」，連經過生活經驗所形成的自我意識，到最後也不存在，因此稱為「無我」。

但是，釋尊又告訴我們，人的血肉之軀，是難能可貴的。人正可以藉著它的存在。活出光明的本性，活得清心自在，活得圓滿而富意義，從而證入精神法界。

宋朝能善禪師說：

「不可以一朝風月，昧卻萬古長空；不可以萬古長空，不明一朝風月。」

禪師的意思是說，人不可以將有限的生命視為永恆，而對名利得失看不開，不可以鑽不出貪、瞋、癡，而生活在狹隘的意識裡，不可以在精神生活上執著，陷入無邊無盡的苦悶掙扎中。

相反地，人也不能因一切本是空，而不明瞭活潑而充滿朝氣的生命本質。人應認真地生活，在恬淡中發現豐盈，在單純中發現喜悅，在精進中看見光明，在慈悲中悟入圓滿無礙。

8. 恐懼與情緒

我們的意識發揮「五蘊緣起」的作用，大約是以一秒的幾分之一的速度而進行。例如，在車站張貼著許多海報，但我們幾乎不感興趣，但如果看見一張美麗的臉龐、裸體的女人，或任何較為養眼的海報設計，通常會先楞一下，然後停下視線仔細地看這張海報，這種楞一下的動作，便開始了「五蘊緣起」，約進行零點二、三秒。

但在看事物的事物，只是有個大概印象，不清楚詳細內容，仍屬於「想」的階段。

意識仍是模稜兩可、模糊不清，到了「行」的階段，潛在性的危險及恐懼感由防衛機能予以對應，因此對於模稜兩可的事物，便以過去的恐懼感來判斷。

人為何會有恐懼感呢？那是因為心理上的不安全感，它使一個人變得容易疑心，習慣性地將事情往壞處想、往消極面想，最後使自己陷入緊張與焦慮之中。

「疑」本是禪宗入道悟法的出發點，疑是懷疑，當我們對人生的結果產生懷疑時，便為悟奠下基礎，當我們對事物有所懷疑時，便是發現事實真相的開端。

這是禪宗重視懷疑的基本立場。

但是，如果懷疑的對象是人，或是自己的能力，對未來缺乏信心，心裡便開始不安，滋生恐懼感。

為了使疑成為一種建設性的能力，必須對人有信心，必須對自己有信心，必須對引導正等正覺的佛、法、寶三寶有信心。因此，透過懷疑而求真的求知歷程，必須建立在一良好的信仰、信念及自信上。

一個缺乏自信、信人及信仰的人，在此處姑且稱為「疑心」，以別於參禪所謂的「疑」。疑心的人，多半自我強度較強。自我強度由三個因素所決定：

一、是解決問題的能力。人如果平常能多方面學習、嚐試，累積較多的生活經驗與磨練，見識閱歷多，解決問題的能力便相對提高，對自己比較具有信心。

二、是情緒習慣。有些人的情緒不穩定，或有習慣性的憂鬱，因此容易顯得怯弱，不易發展出堅毅樂觀的意志及態度。情緒穩定而成熟的人，心理生活相當安定，能冷靜地面對問題，以正確的態度去接納事實。

三、是對刺激的忍受能力。人生活在接二連三的刺激及反應之中。對於某些激烈或特異性的刺激，必須能從容應對，才不致激動不安，煩躁焦慮。

此三個條件，都是由學習得來，三者明顯地與我們過去的生活習慣有關，想培養較高的自我強度，便需從此刻開始學習。

自我強度高的人，多半比較樂觀積極，不易被問題的複雜性及高難度所擊敗，因此表現出相當的耐力、擔當及韌性。

反之，自我強度差，便會變得較為脆弱，凡事顯得優柔寡斷，焦慮不安。

克服自我強度不夠的方法是信仰，有了正確的信仰，便能產生力量。佛教徒信仰佛，便可以得到佛的庇祐，實踐佛法，從戒、定、慧三學中，培養良好的學識及工作習慣，從規律的生活中，歷練沈穩與冷靜慎密的思考，在多方面的學習中，孕育真正的能力及信心。禪者認為生活的最根本信念便是「信心不二，不二信心」。

禪宗及淨土宗的行者，同樣重視「信、願、行」三個生活秘訣。信心需建立在虔誠的信仰上，佛教所傳的「信」是正信，由正信培養積極向上的精進力量，努力去過實現的生活。

躁是由緣起而來，此理已極明顯。

禪家認為從容是最莊嚴的生活態度，人若能保持一點從容，作息便能遊刃有餘，因此說，從容是作息的空間。

許多在日常生活或工作上發生錯誤之後，追根究底才發現原因出在過於匆忙、倉促。

例如，急著趕公車而發生意外，睡得太晚而來不及吃早餐，匆忙中老是忘了帶辦公室的鑰匙，或是遺失了重要文件。甚至因長期的緊張，帶來身心上的疾病或倦怠。因此，想要作息正常，便必須注意安排時間。

9. 敞開自己的力量

上述容易急躁的例子，在禪的指導被認為是正統方法，因為菩提達摩也曾使用相同的指導法。

據說，達摩是南印度某小國的王子，他毅然出家學習當時成立不久的禪學，後來並將禪學傳入中國。

約西元五二〇年左右，他晉見了梁武帝，但對武帝十分失望，於是進入嵩山少林寺，面壁坐禪長達九年。

當時，有位學者神光慧可拜訪了達摩。

慧可的疑問是：

「我的心裡很不安，請老師為我安心。」

達摩說：「你將心拿出來，我替你安。」

慧可想了好一會兒說：

「我已尋覓過了，可是找不出來。」

達摩說：「好，我已將你的心安好了。」

在這麼一個簡短的對話中，慧可豁然領悟到自心本來便是安和的，一切的不安，都是因生活上任意挑剔、強作要求所造成的。

此段故事與前述的容易急躁的例子頗有異曲同工之妙，禪教我們領悟自己的心並不具有實體，我們以欲求、支配感或恐懼感等「有色眼鏡」來看環境，於是產生拘執、糾葛，心愈見複雜，失去單純的喜悅。

人們的擔憂與煩惱，較實際情形多出許多，這是因為人類幾千年來，過度強求「未雨綢繆」，過度渲染憂患意識。誇大失敗的消極意義，而使得人類普遍產生一種不安的意識。

禪告訴我們，我們當然可以為任何事情預作準備，但絕不可蔓延成恐懼的心態，因為它會使我們變得不安。我們當然需要養成謹慎的習慣，但不可因此害怕失敗，造成焦慮的心情。這些心理變化，完全決定於自己是被消極的思想所牽引。

而這些消極的懼怕及退縮，卻原自與事實無關的多慮及擔憂，這種虛幻不實的擔憂，使許多人一蹶不振，使許多人無病呻吟，使許多人終日憂鬱徬徨。

唐朝香嚴智閑禪師，有一次考問弟子說：

「有一個悟道的人，他口銜著樹枝、腳懸空、手沒有攀附任何東西，如此掛在千尺懸崖上。此時，忽然有一位求道者來問佛法大意為何。如果他開口回答，便要跌落深谷，送掉一命。如果不回答，卻又違背出家人隨時慈悲開示的本分。在此種情形下。他該怎麼辦？」

當時在座的大眾，面面相覷，不知如何回答。座中有一位叫招上座的學生便說：

「老師，先別問他咬在樹枝上怎麼辦，我倒想問他為何要上樹去自尋煩惱？」

在這一番反問中，招上座已經點出人們的一項大問題：人為什麼自討苦吃，爬到那麼危險的樹枝上，用口咬著樹枝，驚恐萬狀，無端惹來那麼多困擾呢？更進一層來說，人為什麼會為了名利地位而赴湯蹈火，惹起許多的煩惱與不安？

事實上，人類非常容易自尋煩惱。我們明知別人不肯認輸，卻偏偏要別人投降，因此才有戰爭的產生。

明知別人不一定會讚美自己，但卻想盡辦法要得到別人的青睞及稱譽，於是生活便陷入絕望困頓之中。

招上座能如此反問自己的老師，顯示他已開悟，能從許多「煩惱障」及「所知障」中跳脫出來，不再陷入虛幻與造作，自尋煩惱，懂得享受逍遙單純的生活。

於是香嚴智閑用一首偈子，來總結此次師徒的對話：

「子碎母啄，子覺母殼，

子母俱忘，應緣不錯，

同道唱和，妙云獨解。」

這首偈子是說，人猶如小雞的孵化一般，無需爭辯是小雞自己啄破蛋殼，或母雞替他啄開，重要的是，自己要從既有的防衛意識中掙脫，覺醒過來。精神生活不能摻雜挑剔，更沒有必要為自己合理化、充面子、畏首畏尾。只是以平直心去生活，真正回歸到純真的自己，才能肯定自己，同道唱和，無入而不自得。

禪告訴我們，觸目遇緣，所到之處，都可以透過開放的心靈，而體驗到事物的完美。

發現自己與一切有情眾生都是生命的花朵，都值得喝采，從而由內心泛起無緣大慈，同體大悲的情懷。

對自己的生命，乃至一切有情眾生，都報以會心的微笑，衷心讚嘆它的存在。當我們接納它時，便會欣賞它；珍惜它時，便會喜愛它，以雀躍的心情面對自己的生活。

釋尊告訴他的弟子，在大地上長滿了各色各樣的花，它們的類別不同，香氣互異，清新的蓮花必定不希望自己變為雍容富貴的牡丹，山坡上的小野花，也絕不會羨慕庭院裡嬌艷的玫瑰。

同樣地，每一個人都是獨特的、唯一的、尊貴的。經驗、環境及遺傳造就了不同的我們，無論是什麼樣一個人，都必須學會接納他、喜愛他，因為「他」畢竟是你自己。

人唯有根據自己的根性因緣，去過實現的生活，才有真正的喜悅，才能綻放高貴的生命花朵，綻露出喜悅。

在無盡的競爭及價值分歧的社會裡，由於個人太重視虛有其表的

「我」，太重視別人對自己的看法，於是「我相」成為生活上最高的價值，因而擾亂平靜的心靈。

須知，任何人都有優點與缺點，無論是好是壞，可以改變或無從補救，你都必須先接受它，如此才不致產生虛幻，才能踏踏實實地工作，勇敢地生活。

佛經上說：「大死一番，再活現成。」無非便是教人先丟棄虛妄，接納自己，根據自己的本質去生活。

人與人之間並不能比較，一旦落入比較的陷阱，總是會造成迷失，帶來一些否定自己的迷惘，只是一味壓抑自己，妒羨別人。生活的本質是「你之所以為你是好的，我之所以為我也是好的」，此種觀念便是「平等性智」。一個自我否定的人，便不可能擁有健康的精神生活。

今日人類普遍走向比較及炫耀的歧路，多半的人不去肯定自己，為生活孕育出意義豐富的花朵，卻一心拿自己與別人「較量」，恨不得將自己變成與別人一模一樣。

於是人類生活在誇耀、自大及爭取別人的掌聲之中，他們一味向外尋找生活的答案，內心卻顯得十分空虛與蒼白。

現代人已遺失了「自我之鑰」，但卻不回到自己的生活園地中尋覓，反而汲汲於燈紅酒綠及紙醉金迷中尋覓。

每一個人都是他自己的花朵，嫉妒與羨慕何其愚昧，雖然你或許有一些缺陷，但是你絕對有足夠的潛能，去過一個美好的生活。

你不必成為一株大松樹，但至少可以成為一棵滿足的小灌木。你不必是海洋中的大魚，但必定可以做一條悠游自在的小魚。你不必是莊子所說的大鵬，但做一隻快樂的小鳥並非難事。

在禪者的眼中，生命便有如花籃，需要裝扮，每一朵花也都是美麗的，因此，大松樹與小灌木並無不同，兩者同是實現生命，大魚與小魚也沒什麼不同，因為實現的喜悅都是相同的，大鵬與小鳥更沒有差別，因為牠們都在飛翔中歌頌著生命的可貴。

10. 形成意識的六根、六境、六識

《般若心經》中曾敘述「十八界緣起」，它正是想要接觸佛教者初步的、基本性的問題。

所謂十八界，指六根、六境及六識的緣起關係。

六根，指眼、耳、鼻、舌、身、意等六個感覺器官而言，一般認為人有五官，但佛教認為意也是感覺器官，加上五官稱為六根，眼當然是指眼睛，單是眼睛不能產生感覺，還需光、視神經及腦部的聯繫才能成立，但成立聯繫的中心是眼睛，因此眼睛也稱為「眼根」。

登山可說是「六根清淨」，當身體的感覺器官，也就是身與心污穢的話，登山便失去意義，因此，登山時應保持身心清淨。

六根隨時接受環境的刺激，也就是處於色，聲、香、味、觸、法等六

境，色是映於眼中的光，觸是皮膚感覺的對象，法即指外界的綜合性氣氛，而以意來承受，意即綜合眼、鼻、耳、舌、身等五官而承受的能力，因此，將外界的綜合性整理為「法」，而將五官綜合整理為「意」，結果兩者互為作用而構成一體。

以上的「六根」及「六境」合併稱為「十二處」，並且境與根互為作用產生「識」的世界，換言之，色境與眼根結合成為「眼識」，「六識」共包括眼識、耳識、鼻識、舌識、意識等，「六識」與「六根」、「六境」形成「十八界」。

人如果鼻塞，吃東西便食不知味，也就是味的世界與香的緣起無法感受。再舉例來說，某人因為在感冒中出差，回家的列車上病情嚴重起來，到了最後一站下車，想叫計程車，結果，在夜晚黑暗，他只看見車子的燈光流逝而去，卻聽不見聲音，以為因為感冒，耳朵才聽不見。車子就在他附近卻沒有感覺，從後面過去也渾然不知，眼睛睜開著卻看不清楚，無法掌握距離感。

由此可知，距離感不僅用眼睛掌握，也需用耳朵來測量，亦即，六境、六根、六識互為緣起形成我們的意識，而眼界、耳界也是互為作用，在意識界互相幫忙，此種綜合性的系統，才形成我們的意識活動。

我們的感覺並非單方面接受環境的刺激而已，人的感覺器官接受自己需要的東西，不必要的便加以排除，例如，在雜音中能毫不在乎地看電視，這是因為能分別、選擇周遭的聲音及電視的聲音的緣故。

而且，外界的刺激並非都是被動而接受的，人也可能依照自己的欲求積極地製造刺激。

男性看年輕的女性時，為何心裡總是「七上八下」呢？因為男性有所欲求，便以「有色眼光」來看女性對象，對其存有幻想。因此對人來說，以客觀的眼光來看外界並非易事，對一般凡人來說，他們通常在外界符合自己的需求時，才看得見對象事物。

緣起之理也可稱為條件調和，但那些條件本身可說是非常「任性」、非常「危險」的，從此點我們可知緣起之理有二項特質。

其一，因為是條件的集合，並不具備實體。

另一則是，緣起如果附帶了慾望及恐懼感，人將受到嚴重的束縛，感到可怕。

《般若心經》中關於心的緣起，另有「十二緣起」之說，為綜合性觀察人的心、行動、慾望及痛苦等，所得的邏輯。

喜歡酒的人，我們認為他是因習慣所使然，本人雖是以自己的意志來飲酒，但事實上，卻是以酒精驅使本人飲酒。

吸菸也是同理，無意中手取香菸，雖不想吸菸，但卻在無意中吸了菸，像如此微妙的欲求、行動，其實是出自於心態的習性所然，亦即自己本身已被束縛，無法自己。

佛教上認為，本能與習慣可說是人們行動的判定標準，但其間的行動，或自己的意識，究竟如何構成？關於此點，佛教便以「十二緣起」來加以詮釋。

簡單地說，十二緣起便是一個人的習性、煩惱、行為、憎恨等，都是在十二項條件下的緣起所產生。

十二項條件包括了無明、行、識、名色、六入、觸、受、愛、取、有、生、老死。

前五項與五蘊緣起的「色、受、想、行、識」稍有不同，是因佛教的宗派不同，產生了不同的解釋方法，在此則以心理應有的態度為中心，因為如此比較容易處理。

十二緣起，又稱十二因緣，亦稱十二有支。這是依因果法則，以開示有情生命三世相續的真相。無明緣行，行緣識，識緣名色，名色緣六入，六入緣觸，觸緣受；受緣愛，愛緣取，取緣有，有緣生，生緣老死。其中，無明是過去之惑，行是過去之業，識、名色、六入、觸、名等五果是現在苦果，愛、取是現在之惑，有是現在之業，生、老死是未來苦果。

如此由惑造業，由業受苦，由苦而復惑，因惑復造業，復受苦，便是有情生命流轉的惡性循環，但在此循環中因業受苦的根本，便是阿賴耶識。

生命的來源，由於無始以來本性因染成識。因妄想執著造作之業力寄託於識中，此識又受業力支配，在六道中輪迴浮沈。

因此，我們可以在此說出生命的奧秘，那便是，生命的根本即阿賴耶識，也就是俗稱的靈魂。

生命自六道而來，又往六道而去，事實上也無所謂來去，只是這個識，受著業力的牽引，在此六類眾生的生命之流裡，扮演著各種不同的角色，一旦因緣際會，生入人道，便成為五蘊和合的我。

事實上，識與名色結合的生命，並非一定是人，不過三界六道，以人為中心，因此，我們在討論生活問題時，亦假設以人為對象。

假如說神識以過去業力之因，生入人道，則在十二因緣的果報上，便是倒識入胎，與父精母卵結合而成生命。此生命發育至六根具備，出生人間，逐漸成長，由眼、耳、鼻、舌、身、意六根對色、聲、香、味、觸、法六塵的感觸，而有苦樂的感受，這便是十二因緣中的識、名色、六入、觸、受五支。

有了苦樂的感受，便會逃避痛苦，追求快樂，且不僅人如此，動物亦然。既然追求快樂，自然便有貪愛，貪財愛色，爭名奪利。然而，過分擴張自己，便難免會影響到別人。

少數人快樂，多數人卻難免痛苦，痛苦的人為了獲得快樂，又不免再將自己的快樂，建立在別人的痛苦之上。

誠然，人群之中也不乏捨己為人的仁人志士，克己安份的善良人，但人的行為無論是善是惡，起心動意，都是業種。此業種印入阿賴耶識中，以業的善意，支配未來的生命，善者超昇，惡者沈淪，一切皆自己造作，並未有上帝與神祇來支配。

以上是十二緣起中在三因的愛、取、有三支。未來之果呢？則由現在之業因，再去受生，再去受報，再作業，再老死，在生命之流裡；延續無盡。

11. 由污染求得開悟

十二緣起是對人心的變化情形加以解剖。首先，行是潛在性的心的極端，識、愛、老死不斷加入而變化。尤其，伴隨了相對的勞苦。

高興地練習棒球卻被砸到的少年，和一直存著無法原諒的憎恨而共同生活的婆媳，因為如此，人永遠無法擺脫人世的精神苦難，無法去過一種清醒自在的生活。這執著苦難的產生，無非都是因個人的生活動機不同，執著的事物也不同的緣故。

人在逃避人生時所感受的痛苦令人無法承受，但一個母親為了自己孩子，卻願意為其承擔一切痛苦，絲毫不覺其苦，那是因為，此時母親將孩子的命運視為自己的命運，將孩子的痛苦視為自己的痛苦，因此不會想逃避，此時所有的痛苦即使讓自己犧牲了生命，也無所怨言，也就是此時的辛勞、痛苦與自己是一體的，等於發自自己內在的辛勞、痛苦。

對於人們的存在及心理應有的態度。痛苦與命運的關係有動態性掌握的，便是十二緣起說。

釋尊認為，人們從無明到老死，一切都是在種種條件的互相作用下而存在，他觀察到，十二緣起的各個條件單獨時並無法存在，因此，愛、憎、痛苦本身並不會束縛人，而是種種條件結合而來束縛人，人要領悟此點，才能擺脫束縛，《般若心經》說：「既無無明，也無老死。」正是此意。

禪教我們放下自我中心的心態，放下自以為是的偏見，放下唯我獨尊的觀念，唯其如此，心理生活空間才能豁然開朗，產生性靈的自由，有了開闊的胸襟，有了謙虛的好學精神，有了不為物欲所動的如如之心，眼中的世界盡是美好愉悅。

人類最忌諱的便是由自我中心所衍生的心機及褊狹的成見，這便是禪者所謂的煩惱及無明。

佛經中記載了一則有趣的故事，據說，釋尊某次說法中途，有位女子坐在他的身旁入定了，文殊菩薩便好奇地問釋尊：

「這位女子為何在您身旁就座能入於三昧，有智慧第一美譽的我，為何卻無法做到呢？」

釋尊回答說：

「你把她從定中引出，自己去問好了。」

於是，文殊菩薩便繞著這女子二、三圈，並鳴指開靜，但她卻毫無所動，文殊甚至把她托至梵天，盡其神力，都不能使她出定。釋尊便說：

「此刻縱有千百個文殊，也沒有辦法使她出定了。如果一定要她出定，在下方世界，過四十二恆沙國土，有一位罔明菩薩可以辦得到。」

不久，罔明菩薩從地湧出，向釋尊禮拜後，便走至這位女子面前，鳴指一下，她立刻便出定了。

在此故事中，罔明便是無明。它能破壞禪定，阻礙智慧的成長，它導致人類喪失心靈的自由，而沈溺於各種心機、執著及虛偽。

禪者告訴我們，需淨化自己的意識，才能真正發現真正的自己。趙州禪說：

「佛性堂堂顯現，
住性有情難見，
若悟眾生無我，
我面何如佛面？」

當自己放下「我相」時，自己便不再被不安的凡心所束縛，不再被傲慢的貢高心所牽引，不再被防衛性的心理反應所阻礙。此時，看世間的一切榮華有如春天的繁花，花開花落，終究只是無常的色相，唯有一顆真心，才能慧眼獨具，看入永恆與生命的無盡悅樂。

《般若心經》中說：「無明永無此盡，老死亦永無止境。」意思是說，人類的心理作用，如無明、老死及愛慾等都永無盡頭，也不會消失，這究竟是什麼道理？

釋迦牟尼於菩提樹下目睹繁星而悟道之際，釋尊說：「奇哉奇哉，一切眾生，皆具如來智慧德相，但因妄想執著，無法證得，人若能離妄想，一切智，自然智，即得現前。」

釋尊說眾生皆具如來智慧德相，這智慧德相是什麼呢？原來智慧德相，便是萬德萬能的佛性。

佛性又稱真性、自性、常住佛性、妙真如性、真如實相等。名稱雖然不同，實際上是一個東西，它便是我們各人原具的本性。

此種本性，本來便具足萬德萬能。它靈明洞徹，湛寂常恆，在聖不增，在凡不減，與佛無異，但由於無始以來，被妄想執著掩蔽了本體，使具足的德無法顯現。

這如同一面光明的鏡子，蒙上了塵垢，遮掩了鏡體原有的光明。不過鏡面雖蒙上塵垢，而其原有的光明並未損減，一旦拭去塵垢，光明依然可以顯現。

人的本性也是如此，本性原來靈明洞徹，萬德萬能，但因妄想執著，以致起惑造業，輪迴六道。此種妄想執著又稱為無明，無明梵語為「尾儞一」，意思是指闇鈍之心。闇鈍之心並非指我們的肉體心，而是指我們的感受、思維、分別、認識、對鏡攀緣的妄心。

事實上，佛性與妄心，智慧德相與妄想執著，原本便是同一東西，但因為有了真妄、動靜、明闇的不同，因此，便產生了佛性與妄心的分別。

性譬如水，心譬如波。水是靜態，水靜則明朗，波是動相，波動則昏亂。水是體，體則真實不變，波是相，相則虛幻生滅。這其中雖有動靜明闇真妄之別，但在本質上仍是一致的。

靈明洞徹，湛寂常恆的本性，只因妄想執著，成為妄心。此妄心，就它的闇鈍來說，稱為無明，就它的能障覆自性來說，稱為業相，就它的薰習纏縛來說，稱為習氣，就它的動擾不安來說，稱為煩惱。

總之，無明、業障、習氣、煩惱等都是虛幻生滅、幻化不實的東西。關於妄心的作用，大乘義章中有一段說明：「凡夫迷實之心，起諸法相，執相施名，依名取目，所取不實，故曰妄想。」

這便是說，我們萬德萬能、靈明洞徹的本性，因為妄想執著，而幻生出一種不明的幻覺——無明，此種無明與本來圓明朗照，湛然常住的本性和合在一起，相續相牽，薰習不已，便成為阿賴耶識。

因此，我們原始清淨純真的本性，變成了染淨交參的識，這識再因妄想而起概念，佛法上稱為阿賴耶識的見分。再因這妄想概念，而幻現一種對象的境界，佛法上稱為阿賴耶識的相分。

如此一來，使我們原本靈明洞徹的本性，只因無明而產生變化。如同澄清的水因微風而生出波紋（幻想），此時本性已因無明的污染而成識，此識中又有了兩種分別：一是由心所生的境——幻相，亦即相分，一是緣起幻相的見照作用見分。

有了相分見分的幻覺後，接著又產生一種錯覺，即未那識的出現。未那識不知道相分見分同是本性的幻影，因而執著見分為我——我之能見，執著相分為我所——我之所見。

如此執者不已，攀緣不息，由此錯覺的我而攀緣、分別、取拾我所有的一切事物，我所愛、我所憎、我所好、我所惡。於是由此中更產生了一種虛妄的想像——意識。意識出現之後，喧賓奪主，不但取代了本性的地位，並將阿賴耶識與未那識也拋諸腦後。

它成了人生的主宰，無論任何有情亦然，好其所好，惡其所惡，去胡作非為。同時，意識尚有一批「打手」，即眼、耳、鼻、舌、身、五識。藉著這批打手的力量，貪圖五欲（財、色、名、食、睡）的快樂，而產生貪、瞋、癡、慢、疑諸種煩惱。由此造下無盡善惡之業。

但意識是因妄想執著而來，本來幻化不實，當人生四大分離，亦即死亡之際，意識隨之散滅，只留下一個生死流轉的根本——阿賴耶識，去承受那因善惡之業所招致的果報。

道元禪師在《正法眼藏．發菩提心》中說：

「求菩提心需以慮知心，
非將慮知心視為菩提心，
以慮知心求菩提心是也。」

所謂「慮知心」便是意識活動，即因經驗沾染人心習慣的意識。

相對地，所謂菩提心，是追求受污染之前澄明的心，因此，要使心靈回歸澄明，需先自覺受污染的心，或愚昧的心。

但並非受污染的意識便是領悟，而是以受污染的心來求得領悟，藉著受污染的心，走上光明的悟境。

由此看來，《般若心經》所說的「無明是本來即有，但無明永無止境」的意思便是，依領悟的智慧，意識的作用方法、目的、方向會隨之改變。

禪的奧義或許便隱藏在此。

12. 死亡的真理世界

趙州問投子：「大死之人，復返時如何？」

投子：「不許夜行，需投於光明。」

人生有時離免遇到無法突破的僵局，此時有如被一樣東西所纏縛，窒礙離行。面臨如此的困境時，即使合理地思考解決對策，也無法解決。一邊順利，另一邊卻問題重重，無法獲得圓滿的結局。

例如，想要救人。卻發現自己不會游泳，家人有急病需看病，但想天明有升等考試……，該如何是好？

遇到此類問題時，即使以常理去推論也沒有什麼幫助，能如此下定決心：「你看！考試也考不上，還是病人的命比較重要。」便是所謂的「大死一番」。

是的，大死一番！你會發現「柳暗花明又一村」，前方的道路為你打開。此問答中，趙州即問投子，當路打開而重生時，是怎樣一個情形。

投子的回答是，夜晚禁止外出的規定一定要遵守，也許有任何急事。感到困惑，但破壞規定即是錯誤，應天明後才去。

夜晚即是代表不合理、真覺、感情之意，白天代表合理、道理之意，而黎明是夜與晝的境界，也就是合理與不合理的分界線。

道理與直覺，綿密的計畫，及下定決心冒險的境界，才能打開道路。

有位患了心臟病，在數個月的住院治療後出院，回到工作場所，他接受醫師的指導，為了做好復健工作，每天早晨必須散步。因為心臟病的治療並非在於跑或走，因此，他每天固定快步走三十分鐘。

開始時他非常注意時間，不時注意手錶，但過了一段時間後，因為已習慣，他才能欣賞四周的種種景物。

他發現街道的樣子及花草像個精心栽培的庭園，慢跑的人是如此安詳可愛……，更不可思議的是，他已不再介意手錶。最近，有一件令他感動不已的事情。

在路上散步時，朋友看見了一大片雜草中的螢火蟲花，開滿深藍色的花朵。此種花以前在旅行時曾買過，他想花朵插在頭上應很不錯，於是蹲下去，想要折斷其中的一支，在他將手放進含有朝露的葉間的瞬間，「不必拿走，明天早上到這裡來欣賞即可」的想法閃入他的腦海，於是他決定不摘花便回去，他對於自己為何會轉變為如此的心情。實在無法理解。

或許，因為感到花朵的美麗，使我的美麗和花朵的美麗互相共鳴，他想。

但是下一個瞬間，他又有一種念頭：「把這朵花摘回去養在花瓶裡，讓它永遠保持美麗。」

這種想法是想將花朵據為己有，裝飾在自己的房間，防止花朵美麗消失的一種欲求。也就是說，將花朵佔有，裝飾在房間，經過這道手續，才能滿足美麗。

當他觸摸到那濕潤的花朵時，被螢火蟲花所圍繞，自然為花朵原有的美麗所折服，需要人為手續的美的意識強烈起來，花朵原本美麗的模樣，與他本人產生了共鳴。

想要摘取美麗東西的意識，是無為的美麗花朵，觸發了有為的美的意識。但是，保持原樣更覺美麗的想法，便是接受無為的狀態，可說是一種「無為的美的意識」。

換言之，所謂無為，包括兩個部份，即做為存在的事實，和存在事實狀態下的自己，所擁有無為的態度。

我們將這兩個部份用「污染」及「不污染」來解釋，如此較易理解。所謂污染，即被經驗及慾望所污染的心態，我們日常的心理態度，幾乎可說已被污染盡了，想要摘螢火蟲花的想法也是一種污染。

相對地，污染的心發生以前的生命，所產生的共鳴稱為不污染。這「不」字解釋為「以前」。亦即，在欲求及自我等污染的意識發揮作用以前，使事實產生直觀性的共鳴。因此，最初感到很完美的瞬間是不污染，但接著的瞬間，由於人的需要，以污染的心準備摘花回去，而手觸摸到花的瞬間，想要摘花的意識卻消失了，這是因為污染的心被不污染的心所淨化的緣故。

對花朵以花朵的模樣產生共鳴，是心未受污染以前的事，那是不污染，也是無為，也可說是將存在的不合理視為事實予以接受。

換言之，在無心的情況下，認為花朵是美麗的，我們生命的基礎與花朵產失共鳴，這是引發意識且染上煩惱以前的心態，因此是不污染，是無為。

如此一來，在此處所說的無為，並非全然不可能，它是被有為所束縛的一種心態，亦即，不污染是污染的意識所污染、所束縛以前的態度，「無」看來也與無為同一性質。

13. 坐禪與無念無想

大家雖知道無念無想這句話，一提到它的內容，卻幾乎每個人都認為是自己任意空想，這種自以為是的想法非常普遍。再問他們如此任意空想，是否真能探究到無念無想的世界，答案也並不全然肯定，大多數的人都覺得只是一種似乎瞭解又似乎不瞭解，模稜兩可的狀態。

大多數的人都認為無念無想是一種無拘無束的心理狀態，但仍未真正瞭解它，並且不願意進一步想瞭解它而實行。

念便是「思念」之意，思念的這意識作用，需有對象才能發揮，因此「念」有其方向。例如，說某件事時，某件事成為意識的對象，而那對象及目的是否使心的拘執產生輪迴，或者使心獲得解脫，問題的關鍵在此。

我們被拘執反覆所煩惱的念頭稱為「有念」，想對地，從拘執中獲得解脫，實現寧靜的境界，或是憧憬寧靜的意識，變成以「有念」開始發生作用以前的生命召喚著，而發揮作用的意識，因此，雖稱為意識活動，也可稱為「無念」。

禪所謂的見性即是一種無相、無念的意識活動，《六祖壇經》中所謂的「有念」，是指習得的成見或教條式的刻板知見及觀念，甚至對知識的食古不化，都稱為「有念」。慧能的弟子法達，誦讀《法華經》已達三千遍，自以為用功深厚，反倒起了自負的我相。後來經過慧能無念及無相的啟發才悟道，慧能說：

「心迷法華轉，心悟轉法華，
誦經久不明，與義作讎家，
無念念即正；有念念成邪，
有無俱不計，長御白牛車。」

顯然地，在「有念」的情形下，我們會將一切知所見，視為不易的定則。在此種情形下，自己知道得愈多，成見愈深，排斥得也愈多，抗拒學習新知的力量也就更大。

相反地，如果能以「無念」來處理所學的知識及觀念，不被成見所迷障，自然「念念不被遇迷染」。而能念念發慧，產生聰穎的創造力，使自己內在的菩提自性常現光明。

《六祖壇經》上說：「何名無念，若見一切法心不染者，是為無念。」又說：「悟無念法者，萬法皆通，見諸佛境界：悟無念法者，至佛地位。」

無念代表另一種涵意，即是一個人要能積極地瞭解自己、接納自己、實現自己。不要拿自己與別人比較，如果將自己與別人比較，便無異於否定自己，將自己改造成別人的樣子，而壓抑了自己的本質。

事實上，每一個人的能力不同，性向有別，過去的經驗及環境都不相同。人要想活得自在，享有「自我實現」的生活，便必須根據自己的本質去生活。

根據自己的根性因緣去實現大乘菩薩行，如此一來，無論士、農、工、商各行各業。各在自己的崗位實現自己，行六波羅，在自己的工作與生活中自悟自度，不與別人比較，因此稱為無念。《六祖壇經》上說：「無念者，於念而無念。」「於念」是從自己本質去生活的念頭，它又稱為「直心。」《六祖壇經》又說：「直心是道場，直心是淨土。」

如果一個人不斷與別人比較，便有了競爭，產生種種造作貪求的「有念」，便形成「前念今念後念，念念相續不斷，名為繫縛。」因此要立無念為宗，唯有無念才能在意識的活動過程中，保持暢通無礙，保持清淨的慧性，來去自由，沒有壓抑所產生的焦慮、浮躁及煩惱。

《六祖壇經》上說：「迷人於境上有念，念上便起邪見，一切塵勞妄想從此而生。」今日我們的社會普遍被塵勞煩惱所苦，即是源自個人時時與別人比較而來。

無念顯然並非指「百物不思」，因為如此便造成了著空的無記空。「若百物不思，念盡除卻，一念絕即死，別處受生，是為大錯。」因此，《六祖壇經》所謂的空，是指從檢查系統中解脫出來，讓自己見自本性，流露出慈、悲、喜、捨等真情，使自己生活得更自在，更不著相，而表現出活潑的智慧，因此《六祖壇經》上說：「無者，無二相，無諸塵勞之心；念者，念真如本性。」

當一個人能真正依據自己的根性因緣去過實現的生活時，便是真正的無念。亦即，無念是通往自我實現的唯一道路，當我們能將一切比較、好壞、高下、成見全部放下時，便能根據如如實實的自己去過實現的生活，這便是無念。

禪所謂的平常心，便是這個無念之心，也就是所謂的「無心道人」。

無念與持戒也有密不可分的關係，戒在心理學可解釋為生活的規律，它本身是良好的生活與生活習慣，是使一個能過實現生活的因素之一，如果我們將戒視為強制自己的規範，加上畏懼犯戒及觸犯護法神的權威，自己的生活便被一種強烈的檢查系統所控制。

如此一來，時時刻刻生活在犯戒的恐懼之中，此種不安反而嚴重地破壞戒律，扭曲了戒相，人成為戒條的奴隸，而非實踐萬德的主人。結果，持戒無法成為內禪外定的精神力量，反而成為一種負擔，生活變成苦行，修行處處橫生阻礙。

六祖為持戒賦予積極的意義，他說：「自心中無非、無惡、無嫉妒、無貪瞋、無劫害，名戒香。」並說：「心平何勞持戒，行直何用參禪。」

如果我們先有邪行再去修戒，戒已嫌太遲，因為這個邪行已經出現了。因此真正的戒是「戒而無戒」，心中自性清淨，常發智慧。因此《六祖壇經》所說的「五分法身香」是為了權宜而說成五項，其實則只有一項，那便是「自性淨土」，「見自心佛」，是一個無念而純真的佛性。

我們放下虛幻的追求及貪念，放下權威良心對善惡是非的挑剔，而以一念清淨心發慧，當「觀照自性，不造諸惡，維修眾善，心不執著」時，這一念便是純真的一念，便是「無染無雜」的一念，更是光明的一念，我們稱之為無造作之念。

至於無相則與無念略有不同，無相是指不被外境所牽。生活是自己與環境之間的互動作用，如果在互動的過程中，自己為境界所迷惑，把持不住自己，那麼自己便成為境界的奴隸，做不了主，於是隨著境起生滅，而迷失了自己。

一個無法做自己主人的人，他的潛意識中必有一個心結在作祟，一個對色相會迷戀而失去覺性的人，即是因為壓抑了清淨自性所使然。無相代表自己不被物慾色相所迷，進而產生肯定性及覺性。

人唯有無相才可能看到真理，才可能認清自己，接納自己，做一個覺者，而生活於障礙之中。

能做到無相無念，心靈便稱得上真正自由；自己也可由權威的良心解放出來，無善無惡，非善非惡。放曠而行，觸目遇緣無非是道，行、住、坐、臥處處都是道場，這便是「無所知而生其心」的實現生活。

第二部

坐禪儀

——坐禪的方法

序言

禪宗有禪宗獨特的坐禪及其坐法。而到宋代將其成文化的就是《坐禪儀》。「儀」是做為範本的規準之意，因此，所謂「坐禪儀」是指坐禪的方法、作法。但是，若只是談論坐法則並無所謂禪宗獨特的坐法。這裡所謂的獨特是指其坐禪的思想亦即「坐禪觀」。

《坐禪儀》是宋代宗賾撰。宗賾，號慈覺，為宋代淨土宗、雲門宗的高僧。在宋代，慈覺禪師的影響很大，其偈頌為當時人所熟知，作品流傳遍及夷夏。

宗賾於西元一一〇三年編述《禪苑清規》，本書內容豐富，所涉及範圍極廣，成為後來清規類著作的基礎。《坐禪儀》對日本曹洞宗的影響深遠，其開山祖道元禪師所撰《普勸坐禪儀》主要內容就是來自《坐禪儀》。

傳慈覺宗頤禪師撰《坐禪儀》

【一】

夫學般若菩薩，先當起大悲心，發弘誓願，精修三昧，誓度眾生，不為一身獨求解脫爾。

舉凡有志學習般若（徹悟的智慧）的菩薩（大乘的修行者），首先必起大慈悲心，發起弘大誓願，精修禪定，立誓拯救迷惘眾生，而不應追求自己一生的解脫。

《坐禪儀》一書有其他多種版本，不過，這本《坐禪儀》之所以出類拔萃，是其開頭闡述「坐禪的根本心態」這一章。

所謂坐禪是學習般若（徹悟的智慧）。追求「定慧一等（禪定和智慧合而為一）的禪」是禪宗獨特的坐禪。這是六祖慧能以後的「祖師禪」的本質，換言之是取印度「戒、定、慧三學」禪中的三分之一的「定學」，在中國成為所謂禪宗，變成「定慧一等、禪戒一如（禪定與持戒合而為一）」的一分之一的「禪」。集其大成者是禪宗六祖慧能。

開頭這一章是指學般若的菩薩首先必起「大悲心」，立誓普渡眾生而不只求為自己一生的解脫。佛陀的「般若」亦即徹悟的智慧亦即菩薩的「願行」，換言之必須以慈悲勞心為眾生勞動。這才是佛祖真傳的「祖師禪」的真髓。

今日很多習禪者，動輒強調「大智」而忽略「大悲」的實踐，委實令人心憂。因為沒有產生「大悲心」的「徹悟」，一切必定虛假。

我們在坐禪的最初必須將《坐禪儀》的作者如此闡述大乘菩薩這般「願」的用心確實謹記在心。古人所謂「初發心時、便成正覺」（開始發起菩提心時立即成就正覺）正是要教育我們這件要事。

《大品般若經》卷二十九有言：「是菩薩初發意，所有佈施為一切眾生之故，乃至修智慧皆為一切眾生，不為己身。」這段話裡隱藏著大乘菩薩道的真髓。《坐禪儀》在其開頭就教導我們這件「重大事」的重要性。因此，值得我們再三地大聲疾呼。

另外，「弘誓願」是指四弘誓願，天台的《小止觀》中也闡述四弘誓願，而北宗的《大乘五方便》及南宗的《六祖談經》也有闡述這一點。這是「大乘」坐禪的特色。

【二】

乃放捨諸緣，休息萬事，身心一如，動靜無間，量其飲食，不多不少，調其睡眠，不節不恣。

因此，捨棄諸緣亦即斷絕日常一切與外界關聯，休止萬事身心成為一如，使動，亦即身心活動（日常行持）時以靜、停止不動（坐禪）時毫無間隔。另外，衡量飲食之量不多不少，恰如其分，調節睡眠不長不短適可而止。

首先是「坐禪前的身心調整」，有三要點。

一、是「放棄諸緣，休息萬事」。修行者必須處於徹底的單獨者的立場。變成完全獨自的個人，斷絕與塵世一切的關聯的覺悟。一邊談戀愛一邊修行的絕活是高明人所為，凡人是辦不到的。

無難禪師曾說：「大道未成就時不近女色。」至少在見性（徹見自己的佛性，現在是不是最初的悟性，初一關的經過）之前覺悟「放棄諸緣、休息萬事」是非常重要的。

二、是「身心一如，動靜無間」。我反對將「禪定」或「三昧」解釋為精神統一的境地，那並非精神的統一而是身心的安定。身心本來一如，雖然在腦筋上可區別身與心，然而事實上他們是不二一體的。

「坐禪」應該只限定於盤腿而坐，是「動靜一如」。不僅是無難禪師所謂的「做時的坐禪」，「不做時的坐禪」也是重要的。因為保持「靜」的狀態若因「動」的轉變而分神、斷絕，就毫無意義。《證道歌》中喻曰：「行亦禪、坐亦禪、語默、動靜、體安然。」

三、是闡述在「飲食」與「睡眠」中無過與不足的正宗的「中道」的實踐。

天台《小止觀》的「調和第四」中說要調節飲食、睡眠、身、氣息、心等「五法」。後代的「坐禪儀」全以此為依歸。

練習坐禪時，應留意上述古人殷殷提醒在坐禪前「身心的調整」的注意事項，再付諸實踐。本來在「禪定」之前闡述「持戒」的重要，是佛陀釋尊的教義，「坐禪」絕不只是盤起腿而坐的動作而已。

【三】

欲坐禪時，於閑靜處，厚敷坐物，寬繫衣帶，令威儀齊整，然後結跏趺坐。先以右足安左䏶上，左足安右䏶上。或半跏趺坐亦可，但以左足壓右足而已。次以右手安左足上，左掌安右掌上，以兩手大拇指面相拄，徐徐舉身，前後左右，反覆搖振，乃正身端坐。

坐禪時在安靜的場所鋪上厚墊毯，寬鬆衣物調整姿勢後再結跏趺坐。盤腿的方式是先以右腳放在左腿上，再將左腳搭在右腿上。也可採半跏趺坐，只以左腳壓住右腳即可。其次，右手放在左腿上，左掌放在右掌上，以雙手拇指指面互拄，徐緩抬起上半身，前後左右反覆搖動，然後再正身端坐。換言之，挺直身軀端坐。

第二章說明「實際的坐禪方法」。這是印度，與中國天台的《止觀》中相通的傳統作法。

「厚敷坐物」的「坐物」是指人身坐在其上的墊布，而非只是墊在臀部下的墊布，在此特予注意。「跏」是盤腿而坐。「趺」是指腳背。換言之，腳背置於腿上盤住雙腳而坐就是「結跏趺坐」。

另外，有關「結跏趺坐」在《大智度論》卷七中有：「問曰：『坐法多有，佛以何故唯結跏趺坐。』答曰：『諸坐法中，結跏趺坐最安穩不疲極，此坐禪人坐法也。攝持手足，心亦不散云云。』」

至於「結跏」在盤腿方式的說明中有「首先以右腳置於左腿上」，不過，也有相反的盤腿方式的說明。譬如「先以左腳置於右腿上」（《大藏一覽》卷三「坐禪儀」）。

另外，在其他版本的解說上，對於「結跏」不拘是由左腳或右腳開始，但是「半跏」則必須由右腳開始。譬如，「結跏之法是以左腳壓右、右壓左俱可。若結跏未變，半跏亦得。半跏之法唯是以右壓左。」（佛陀波利撰《修禪要訣」》。

盤腿的姿勢非常重要，因為一直保持「以右腳壓左腿」的姿勢，恐怕長期下來會使身體傾斜。因此，必須刻意左右交替地改變盤腿姿勢。坐禪的姿勢也應依據「中道」不可左右偏頗（「參照附錄坐禪實習指南」(6)降魔坐與吉祥坐）。

另外，在《釋氏要覽》卷中言道：「《念誦經》中云『全跏是如來坐、半跏是菩薩坐』。」這句話值得注意。如來以「全跏」（結跏）的盤腿姿勢進入深奧的禪定是「自受用三昧」，然而菩薩對一切眾生的痛苦無法坐視不管，隨時準備從禪定中起身為眾生濟渡而勞動，因此同樣是禪定，卻是「定慧一等」的「他自用三昧」的坐禪，「菩薩半跏說」可說是表現了大乘坐禪的精神，是頗饒興味的學說。

【四】

不得左傾右側，前躬後仰，令腰脊頭項，骨節相拄，狀如浮屠。又不得聳身太過，令人氣急不安。要令耳與肩對，鼻與臍對，舌拄上腭，唇齒相著，目須微開，免致昏睡。若得禪定，其力最勝。

不可使身體向左或向右、前彎後仰。要使腰、脊、頭及頸項各個骨節互相支撐，彷彿高塔站立的形狀。同時，也不要特意聳高身體，絕不可用力過猛而失去安適。要使耳與肩相對、鼻與脊相對、舌頂住上腭、上下唇與齒互相重疊、眼睛微微睜開，避免打瞌睡。若能體得這番禪定，其力最勝。

盤坐下腹稍微突出時，臍下（肚臍下）丹田的氣力自然充實，下腹肚臍與上方的鼻呈垂直線，同時，後頭部朝天花板頂起時下腭自然緊縮與兩耳、兩肩各成垂直線。

「狀如浮屠」是指如五重塔矗立一般挺直脊椎骨而坐，或像日本五重塔一般彷彿粗而圓的心柱筆直穿過中心般地盤坐。

「人氣急不安」是指坐禪的當事者，由於過度用力或過於熱衷而變成「身心不安定」，並非指在旁觀看的他人呼吸急促而喘息貌。

「不得左傾右側前躬後仰，另腰脊頭項骨節相拄，狀如浮屠」中的「不得」與下句的句首「令」呼應，是表示不可和上句一樣，要和下句一樣。另外「氣急」是指用力過猛、過於專注之意，並非呼吸急促。請特別注意。

【五】

古有習定高僧，坐常開目。向法雲圓通禪師，亦訶人閉目坐禪，以謂黑山鬼窟。蓋有深旨，達者知焉。身相既定，氣息既調，然後寬放臍腹，一切善惡，都莫思量。念起即覺，覺之即失。久久忘緣，自成一片。此坐禪之要術也。竊謂坐禪乃安樂法門，而人多致疾者，蓋不善用心故也。

從前，有一位修得禪定的高僧，據說經常睜著眼坐禪。前法雲寺的圓通法秀禪師（一〇二七－一〇九〇。是被認為《坐禪儀》作者宗頤的初參恩師，在嗣法上相當於法叔。雲門六世的法孫）也叱責閉目坐禪，而稱其為「黑山鬼窟」。亦即「死人坐禪」。

其中頗有深奧的旨意，只有達人才能體得。坐相入定、呼吸調和後緩和下腹，腦中拂去一切善惡念頭，一旦產生念頭（霎那的思考）立即覺醒。覺醒後念頭瞬即消失。如此長久忘緣後（與外界的關聯）自然變成一片（Absolute Oneness）。這是坐禪的要術（重要的方法）。唯有坐禪才是真正的「安樂的法門」。然而卻有多數人因坐禪而患病，這是用心有誤的緣故。

現在闡述「坐禪實修時的重要用心」。在此首次言及禪宗特別主張的「開目坐禪」，這是禪宗坐法的要領。

禪宗極端厭惡閉眼坐禪。據說峨山和尚經常說：「要瞪大著眼睛坐禪。」因為「閉目坐禪」會使意識變得消沉，正如所謂的「黑山下鬼家的伙計」（大慧禪師語）容易陷入「默照」的死人禪。

其次，當心身俱定呼吸調適後，下腹徐緩地鬆弛，絕對不可思想一切的善惡，這是「調心」的心得。

無難禪師曾說「常無所思乃佛之練習」，這是道元禪師所謂的「不思量底如何乃不思量、非思量」。但是若產生「念」時該如何？「念起即覺」。不論是善念（真念）或惡念（妄念），只要一興起真妄、善惡之

「念」，只要在口中唸誦：「州云、『無！』」。換言之，即是要喚醒「本心」的「無心」。如此修定忘卻一切外緣時就能「自然內外打成一片（主觀與外觀合而為一「絕對一」據實呈現）」。亦即所謂的「禪定三昧」（無相定）的境地。而這就是所謂「坐禪的要術」。

古人也說：「不怕念起，唯慮覺遲」（『宗鏡錄』卷三十八），在坐禪中不必害怕「念」起，因為「念起即覺」只要覺悟「州云、『無！』即可。所謂「此玉現彼玉隱」，若有覺則「念」本來是無根之草（非實體＝空），因此會立即消失。對坐禪人而言這是極為重要的方法，是「坐禪的要術」。

最後在文中主張「坐禪實際上是安樂的法門」。據說這是根據《法華經》上的「安樂行品」之說，是承繼南嶽慧思的禪定思想。經文中說：「遠離不親近處（不可親近之物），常實踐親近處（應親近之物），行者得保身之安樂。」「不親近處」例如國王大臣、諸多外道、書寫世俗文章者、惡律儀者等等，而「親近處則列舉常好坐禪、在閒處修攝其心之事。

在此所謂的「坐禪乃安樂法門」所指的是何種禪思想呢？本《坐禪儀》所提及常閉眼坐禪的「古習定高僧」到底是誰？是根據《法華經》闡述四種「安樂行」的南嶽意思嗎？「安樂」二字是以其為根源的思想。但是，若以「開目坐禪」而言，註釋家們認為是直接會見南嶽慧思，從「文殊之學」進入「禪門」的惠成（在《續高僧傳》卷十六有其傳）。

所以，「開目坐禪」中「思有深旨，達者知焉」的「達者」應該是指惠成，以及前法雲寺的法秀（圓通）。法秀是宗賾的初參恩師法雲寺圓通。「思有深旨，達者知焉」中的「深旨」所指為何？雖然《坐禪儀》中沒有直接談論此事，不過，接著論及「調身、調息」之後的「調心」之法，闡述「一切善惡，都莫思量」與「非思量」的禪定，論述「念覺、忘緣、一片」並以此為「坐禪的要術」。

如此連結上述以「開目坐禪」為始的學說，就是他所主張的「安樂法門」的坐禪之說。那麼，其中到底隱藏著什麼樣的「禪思想」呢？

宗賾所要闡述的「安樂法門」的坐禪一行，是假託他在少年時自從跟隨初參恩師圓通禪師聞道以來，至晚年親自體驗的「開目坐禪」的「深旨」，已非僅止於南嶽慧思的天台流坐禪，換言之，並不止於安樂行的坐禪，恐怕是指以六祖慧能為始的南宗祖師禪的「定慧一等」「動靜無間」的禪密旨。

這對動輒把坐禪當成「隱遁法」或「苦行」的俗流禪定思想是相當嚴厲的批評，而且不期然地也是和梵文原文相通的中國祖師禪的「深旨」。而「定慧一等」「動靜無間」的六祖「作務禪」（非做為隱遁法或苦行之坐禪，而是存於日常的行持、勞動中的「不作時的坐禪」）又以指責舍利弗「宴坐」的《維摩經》旨意相通，而這也正是所謂「大智即大悲」的大乘菩薩「弘誓之願」的泉源（曹源的一滴水）。

宗賾在此想要表達的「安樂的法門」的坐禪一行，這才是道破了「曹溪祖師禪」的本質。從這一點看來，這一章是與第二章呼應是《坐禪儀》本質思想的部分。

在章末作者說有多數坐禪者之所以罹患「禪病」是欠缺這種根本的用心，這段話也是出於此處。

【六】

若善得此意，則自然四大輕安，精神爽利，正念分明，法味資神，寂然清樂。若已有發明者，可謂如龍得水，似虎靠山。若未有發明者，亦乃因風吹火，用力不多。但辨肯心，必不相賺。

若能體會以上的「要術」，身體自然變得輕盈安適、精神爽快俐落、正念分明、佛法的體會有益精神，而能獲得沉靜紮實的清樂。如果還能自覺自己的本性（見性，徹見自己的「佛性」）則有如龍得水，虎靠山一般。倘若尚未自覺自己的本性，也彷彿順風放火一般，不須太大的氣力即可徹悟。只管自己親自體會吧！（法、古人、我）絕對不會欺瞞您。

接著是談論「坐禪的功德」與「見性的重要」。而其前提是「若善得此意」。「此意」所指為何？這是指未能獲得前述的從「開目坐禪」與「一切善惡莫思量」開始至「念起即絕」「久久忘緣（與對象的外界之間的關聯、思考），自成一片」的「坐禪要術」的意思。

「一切善惡莫思量」是六祖慧能在大庾嶺對慧明所說的話，而這句話在敦煌本的《壇經》中並沒有，是始見於《傳燈錄》以後才出現於神會的壇語中。大概是後世增添之語。

「坐禪的功德」是坐禪實修的結果。是自然培養而成，絕非以功德為目的而坐禪。達摩大師也明確地指稱「無功德」（《碧巖錄》第一則）。

其次談到「見性」的重要。「發明」這一個詞是指覺醒「本來的自己」亦即「自覺」（見性之意）。

前述「打成一片」的「三昧」境地，事實上並非真正的禪經驗。必須打破天地與我、內與外而合為一的「絕對一」以及「驀然打發」。如此自己的主人翁才能自覺到「絕對主體」而獲得「龍得水、虎靠山」一般的「絕對自由」。即使尚未體得這番的境地，若到此地步已是「寶處方近」並不需太大的努力必可獲得大歡喜了。不過，最重要的是要確實地禪坐直到「肯心自許」（洞山的《寶鏡三昧》之語）。若能修到這番境地，佛法、佛祖、我絕不會欺瞞您。

另外，在此闡述「坐禪的功德」的「四大輕安、精神爽利、正念分明、法味資神、寂然清樂」之語，也是近代日本「岡田式靜坐法」的宗旨，只要實際有過坐禪或靜坐經驗者，都能體會到這般的境地。

「四大」是由地、水、火、風四種構成要素所組成的「肉體」，「四大輕安」是指身體變得「輕盈而安適」。「精神爽利」是精神爽快俐落。「正念分明」是正念漸趨清楚。「法味」是禪悅食的體驗，而「法味資神」是以不憑藉一般物質的食物所獲得的禪的喜悅來「資養精神」。「寂然清樂」是指可獲得沉靜清爽的快樂。

另外，「如龍得水，似虎靠山」是指獲得力量，「因風吹火，用力不多」是得時的作用，不必努力之意。而「但辨肯心」是自己親自用心體會和《寶鏡三昧》中所說的「肯心自許」同。

【七】

然而道高魔盛，逆順萬端。但能正念現前，一切不能留礙。如楞嚴經，天台止觀，圭峰修證儀，具明魔事，預備不虞者，不可不知也。

但是，道心越高惡魔的妨礙也越熾盛，時而處於逆境，時而出現順境，各種魔境層出不窮。然而若能實現正念則沒有任何事物可以妨礙，正如《首楞嚴經》或天台的《摩訶止觀》、圭峰宗密的《修證儀》等皆有細說「魔境」諸事，只要仔細研讀從中學習，則可事先防備不利的事態。

其次是談論有關「魔境」的注意事項。

所謂「道高魔盛」是出自天台智顗（五三八～五九八）的《釋禪波羅蜜次第法門》卷四，明白指出「魔事」的部分。正如俗話所謂「好事多磨」，當修行漸入佳境時，惡魔的障礙也因而越盛，因此，這是提醒人對所謂的「魔境」或「禪病」的警戒，而應遵循前輩或師匠們的敦誨或研讀古書以作為警惕。

重要的是不因順魔而歡喜，也不為逆魔而悲嘆，只是要努力於「正念現前」。凡事都要「正念現前」，只要口中念著「州云、『無』」。此正如白隱和尚所說的：「此玉現，彼玉隱。」

如此篇文章所言，有關「魔境」之事在唐代中期所出現的《首楞嚴經》的禪經或天台的《摩訶止觀》、圭峰宗密（七八〇～八四一）的《圓覺經道場修證儀》中有詳細的說明，因此，希望禪者必研讀這些經文。

古昔「坐禪」的方法剛開始僅止於口傳。而將它體系化、經文化的是隋朝天台宗的智顗，《摩訶止觀》是其代表作。

「止」是禪定，「觀」表示智慧（般若）的意思。與天台宗同時興起的禪宗，其「坐禪儀」的問世較晚。直到宋朝之後受天台宗先有著作的影響才成文化。標榜「不立文字」的禪門，在這方面則落後於天台了。

【八】

若欲出定，徐徐動身，安詳而起，不得卒暴。出定之後，一切時中，常作方便，護持定力，如護嬰兒。即定力易成矣。

若想要離開禪定時，則徐緩地移動身體，安然地站起身來，絕對不可急促而冒失地站起。離開禪定後，無時無刻要在方便、方法上下工夫，護持禪定力，彷彿守護嬰兒一般。如此一來禪定力較易成就。

其次是針對「出定時的要點」與「定力的培養」的論述。

有關「出定」在天台的《小止觀》中有以下的解釋：「修行者坐禪完畢欲脫離禪定時，首先應敞開心再離開禪定，接著張開口放氣（呼吸）。要領是由血管透過毛細孔將氣散發出體外，然後徐緩地擺動身體，接著擺動肩、腕、頭、頸等部位，再擺動雙腳使全身柔軟。然後用雙手摩擦所有的毛細孔，順便摩擦雙手使之暖和，然後手覆蓋在雙眼上後睜開眼。等待身體的溫熱稍微減退時再任意地出入。」

有關培養「培養定力」方面，故白水敬山禪師曾經在其著作中談及初參師匠東瀛和尚所說過的話：

「當我端茶水前去時，經常被指責說『娘娘腔的手勢』或『腳步不穩』。而在端飯菜的途中也經常被指責說：『端菜時要帶著彷彿抱出須彌山的心境啊！』『在火盆加炭時彷彿從奈落的深淵夾起大盤石一樣！』『從腹部深處發出力氣來吧！』『在氣海丹田上用力啊！』」

「先師經常說禪堂的規矩坐（利用引磬或柝所規制的坐禪），雖說是『止靜』、『抽解』、『經行』卻無法成為『三昧』，也不能練就『定力』，因此，古人必定獨自『夜坐』。如果沒有夜坐至骨折的程度則無法練就定力。」（《自屎錄》大法輪閣刊）。

而「安詳而起」（安詳沉靜地站起）是《法華經》「方便品」中的字句，是根據「當時世尊由三昧安詳而起」的語句。「不得卒暴」的「卒暴」（突然地慌忙站起），也是根據出現在《法華經》「安樂行品」上的字句。

【九】

夫禪定一門，最為急務。若不安禪靜慮，到這裏總須茫然。所以道，探珠宜靜浪，動水取應難。定水澄清，心珠自現。故《圓覺經》云，無礙清淨慧，皆依禪定生。《法華經》云，在於閑處，修攝其心，安住不動，如須彌山。

對我們而言，禪定是一門最緊急的要務，若無法安於禪定沉靜地思考，在緊要關頭恐怕會茫然所失。因此，古人說：「若要尋找水中之珠，首先應使浪平，波動水面則難以取得水中之珠。」如果禪定之水清澄透澈，則本心之珠會自然現出原形。因此《圓覺經》有言：「無礙清靜慧，皆依禪定生」。同時，《法華經》亦曰：「安住不動如須彌山。」

第九章談論「禪定為急務」。

尋找水中之珠必先靜止水面的小波。如定水般沉靜時，心珠自然呈現原貌。找到珠時必須用手抓住。抓住後要能自由地應用。正如《圓覺經》所言：「般若智慧亦由禪定生。」所以，首先最重要的是「如須彌山一樣穩坐在閒靜處」。——如此強調禪定的重要性。

「若不安禪靜慮，到這裡總須茫然」是出自大珠慧海（馬祖的法嗣）的《頓悟要門》中的語句。「靜慮」是指「禪定」。「到這裡」是指在緊要關頭時。

《臨濟錄》中有言：「到這裡，學人著力處，風不通。」（到此境地者是修行者卯足全力以赴之處，連風也無隙可入）。

「所以道」的「道」字在底本無此學，是依《勅修百丈清規》補綴。

「探珠宜靜浪，動水取應難」是洞山之語，出於《天聖廣燈錄》卷十二「三聖慧然」之章。「定水澄清，心珠自現」是根據《大般若經》卷二的譬喻。「法華經云」是同經「安樂行品」的偈。

【十】

是知，超凡越聖，必假靜緣，坐脫立亡，須憑定力。一生取辦，尚恐蹉跎。況乃遷延，將何敵業。故古人云，若無定力，甘伏死門。掩目空歸，宛然流浪。幸諸禪友，三復斯文，自利利他，同成正覺。

到此終於清楚明白——亦即若要超越凡夫凌駕聖者，不論如何要有澄靜的禪定之源，端坐而亡，站立而死也全都必須依據禪定力。即使傾注一生努力修練，仍然恐怕錯失時機而來不及。更何況磨磨蹭蹭停滯不前，將何以戰勝業障。所以，古人也說：「若無定力，甘伏死門。」若閉上眼孤寂地死去，依然在生死之海徘徊流浪。請各位禪友們！反覆閱讀此文，不但自利也利他，皆能成就正覺。

最後是「結論」。

不論是「超凡越聖」或「坐脫立亡」都必須依據「禪定」的力量。即使窮其一生，為了免於此業的束縛而精進學習恐怕也來不及。更何況甘伏於死門只能依然輪迴於業的生死中。請各位禪友們反覆閱讀此《坐禪儀》使自他都能成就正覺。

作者以「自利、利他，同成正覺」之語和劈頭的「學般若菩薩，先當起大悲心」之句對應。基於大乘禪的立場，渴望自他都能實踐禪定，並藉此而成就自覺而結束全文。

另外，「一生取辨，尚恐蹉跎」是天台智顗之語，「蹉跎」是錯失時機之意。「遷延」是後退、畏縮或磨磨蹭蹭之意。「古人云」的「古人」未詳。至於「古人云」之語到何處為止並不明確，不過，在此根據如如居士的《坐禪儀》界定：「若無定力，甘伏死門」一詞為古人之語。

附錄　坐禪實習指南

(1) 面授指導最重要

坐禪的方法最好能讓熟稔此道的前輩親手指導。不過，人們的住處不一，有些人住在窮鄉僻壤，附近也無禪寺，其中甚至有人找不到禪的師家（有資格的指導者）。不過，當中也有人明白「禪最終仍然要實際地做看看」，而立志學坐禪的人。本書衷心地渴望有志者能確實地實行。因此，向這些有志之士做一番簡單坐禪實習的介紹。

另外，在文章上無法說明清楚之處用插圖補足。不過，其中仍然有一些必須直接接受指導的地方。希望各位能儘早跟隨正師，接受其親身的面授指導。

進入本文之前先說明三項坐禪前的注意事項。

一、是有關飲食、睡眠及坐禪的場所等。飲食不要取之太過，也不可不足。攝取必要的營養分達八分飽，初學時應避免飲食前後的坐禪。依前輩的經驗，最好攝取鹼性菜食而減少容易造成酸性過多的肉食。事實上菜食較容易進入禪定，同時與肉食比較起來，似乎也較能鍛鍊具有持續性的耐力。同時，最好以糙米為主食，充分地咀嚼後再吞食。請注意飲食也是坐禪之一。

二、睡眠也要不長不短恰如其分。《葛藤集》第四十五則中有一個公案是「首楞嚴經曰：『寤寐恒一』」，這是指無論睡、醒經常保持一定。其實睡眠也必須是坐禪、臥禪。「睡不著」等於是自我表白自己的禪定力未臻成熟。

三、坐禪的場所在初學時應該選擇安靜而清潔的場所，並注意光線不要太亮或太暗。同時，最好避免陽光直接照射或風力太強的位置。

圖1

有志於坐禪者，應該注意對生活諸事採取中庸的態度。諸如這般，為禪定而自我約束規制生活稱為「戒」。在「戒」之上修「定」（禪定），然後根據此「定」證得「慧」（智慧＝般若＝徹悟）時，其中就有佛心宗（正傳的佛法）的「禪」。

(2) 調身——體坐

以下將依調身、調息、調心的順序說明實際的坐禪方法。首先是調身——調整身體。禪宗對坐相（坐禪的姿勢）非常挑剔，因為「體坐」是坐禪的第一要件。

準備大小兩個墊毯（圖1）。一塊是盤腿

而坐，後膝蓋部分不露出外緣程度的大坐墊。這塊坐墊最好是厚而軟的質料。另外一塊即使不是圓型的正式坐墊（內放木棉）亦可。用一般的小坐墊對摺使用亦無妨。將這塊小坐墊與大坐墊的後部對齊，重疊或一半突出大坐墊後方，呈直向而坐也可。總而言之，讓自己坐得舒適為原則。

(3) 結跏趺坐和半跏趺坐

面對所坐的場所雙手合掌，然後轉向前方雙手合掌之後，坐在小坐墊上盤起腿。接著再一次雙手合掌，然後轉向左或右的方向再盤腿。盤好腿後再朝向正面。

盤腿的方式是先用右手提著右腳拇趾的位置將它擺在左腿上，儘量讓後腳跟貼近腹部（圖2）。

接著用左手握住左腳趾頭，同樣地搭在右腿上。雙腳如此交錯，足心朝天而坐的姿勢稱為「結跏趺坐」（圖3）。

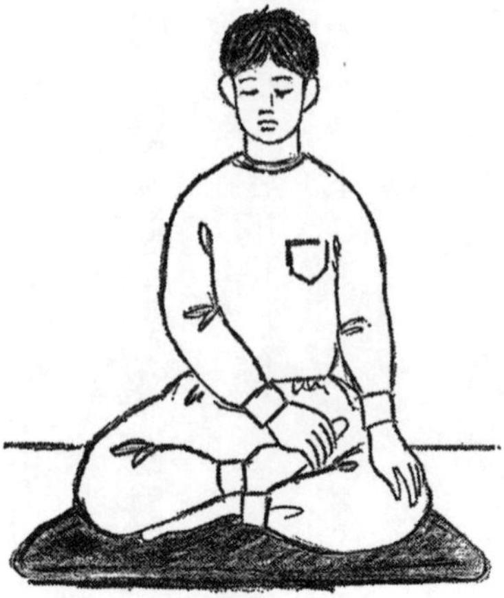

圖2

圖4

圖3

坐禪以結跏趺坐的坐姿最為安定。不過，其中也有人因體型的關係一開始無法採取盤腿的姿勢。這種人只要採取「半跏趺坐」，亦即只舉高單腳而坐就行了。

首先將右腳足心緊貼在左腳內腿上，只將左腳擺在右腿上（圖4）。古人也說：「若結跏尚未便，半跏亦得。」

採取半跏趺坐的姿勢時必須注意的是，抬起腳的腳膝蓋可能會浮起在地面。這種姿勢不安定並非坐禪的姿勢。這時可試著在臀部下方的墊毯上再加一塊墊毯，讓上半身稍微往前傾，使兩腳膝蓋貼住地面後，再徐緩地舉直上身。

坐禪的姿勢稱為「鼎三足」，因此坐時必須留意雙腳的膝蓋和尾骶骨這三點著地，在地上形成等邊三角形或正三角形（如圖3），採結跏的姿勢自然能形成「鼎三足」，由此可見它是最佳的禪坐法。

(4) 降魔坐和吉祥坐

如前述左腳搭在右腳的坐法稱為「降魔坐」，相反地右腳搭在左腳上稱為「吉祥坐」。以往認為前者是修行者，後者是佛的坐法，不過，讀者並不需忌諱其間的差別，儘量左右互換以免偏頗。

左腳必須朝上也許是後人所附加的說明。其實在坐禪上並沒有任何合理的根據。稱為「金剛坐」的結跏坐也是一樣，應該訓練自己能自由地將左腿或右腿輕易地搭在另一腳上的坐姿。

因為若經常採取將左腳放在右腳上的坐姿時，長期下來身體恐怕會導致歪斜而產生異狀。

另外，自古以來認為「婦女半跏」。其實在坐禪上男女並沒有差別。只是在盤腿的過程中，女性最好能留意表現較女性化的優美姿勢。雖然坐禪並沒有男女的差別，不過，部分現代女性，對自古以來所傳承的女性優美的教養已拋諸腦後置之不理，這一點著實令人難以苟同。

(5) 務必做柔軟體操

比起「婦女半跏」之類傳統所叮嚀的女性應有的坐姿，無論男或女最好能訓練自己做正確的結跏坐法。不過，這時必須留意的是千萬不要勉為其難，尤其是女性要特別留意。

初學者在坐禪前或坐禪中，應該留意做柔軟體操，訓練自己的腳能自然地盤起腿來。如果很難盤起結跏坐法的人，在做完體操後可仰躺伸直雙腳在空中盤腿，這個姿勢任何人都可輕易地盤起結跏的坐姿。

最近歐美也許是瑜伽術的普及，有許多人能輕易地做結跏的坐姿，但是，我國卻有不少年輕人不僅是結跏，連半跏都辦不到。希望自己對自己變成如此僵硬的體格感到羞恥，糾正自己的身體能儘早採取結跏的坐姿。造成這種體格的原因，父母、中、小學的體育老師們都難脫其責，這是全民體育的問題。

若要讓全體人民都能正確地採取坐禪的姿勢，應該認真地在所謂的「坐禪體操」上下功夫。有些道場在坐禪的空檔會實行「真向法」。這不僅是真正的健康法，在坐禪的整體術上也有十分的效果。除此之外，同時還施行被認為是白隱禪師所傳承下的坐禪體操。

如果有人結跏，半跏都辦不到時，暫時採日本坐的姿勢，所謂日本坐並非正坐。在此先來談正坐與日本坐的差別。

「正坐」的姿勢是男性膝蓋打開約兩個拳頭寬，女性約一個拳頭寬。雙腳拇趾的趾腹重疊，立直腰後挺直上半身。雙手五指伸直，貼放在膝的中間位置。

而「日本坐」和前述的正坐在膝蓋的開法及手、腳有所不同。採日本坐時，將對摺的坐墊擺成直向，彷彿騎馬般坐在上方。這時雙腳腳趾的趾腹不重疊，放在所跨坐的坐墊裡頭，重要的是，要把膝蓋打開四十五度以上。否則就無法形成前述的鼎三足、底面三角型。

女性在坐日本坐時最好穿長褲或長裙，或在膝蓋前用布塊遮掩。當天氣寒冷時為了避免著涼，可用毛毯鋪在坐墊上，坐在上面後，將毛毯的前半部摺向膝蓋前做為保暖。

(6)調身的要領

當雙腳能做正確的盤腿後，接著要做調節坐禪體的準備體操。

首先，上半身像時鐘的鐘擺一樣往左右搖動。這時，上半身絕不可彎曲。把上半身當做一根棒子，彷彿要將它搖進地軸一般，穩住腰部，剛開始要大幅度地搖擺，然後幅度漸漸變小，像時鐘的鐘擺停止一樣靜止在正中央。

接著，前後搖擺上半身，剛開始將頭部緊貼在前面的地板上，往後仰時伸直頸項儘量往後傾斜（這時要注意不要凸出下顎），然後將擺動的幅

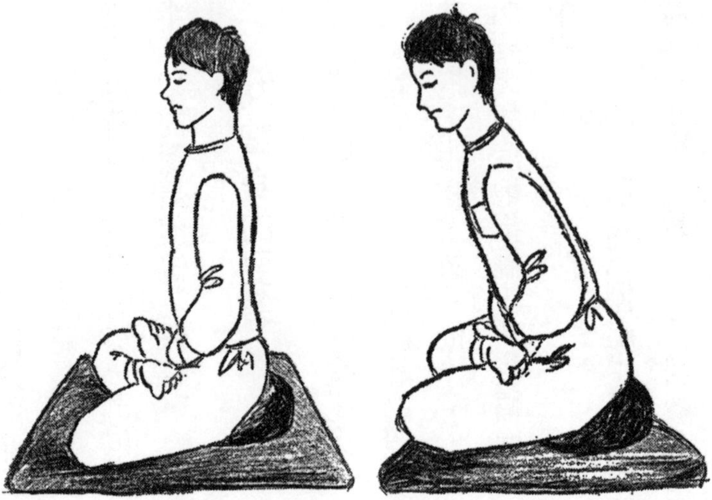

圖6　　圖5

度縮小，在直立的位置保持靜止。

將要進入坐禪之前，再一次將上半身的背脊挺直，往前方四十五度傾倒，使腰往後方凸出。然後腰部保持在凸出的位置（圖5），只將上半身挺直，這時將後頭部朝向天花板時後頸會自然伸直，下顎緊縮（圖6）。

其次，後頭部的力量維持不變，由頸項往肩、胃的方向從上方依序鬆弛上半身的力氣，絕不可挺胸，最好是採武道中所謂的「自然體」。絕對不可挺胸，橫膈膜必須往下，重心往下彷彿被大地吸住一般，從肚臍以上的任何地方都不可使勁，這是坐禪的要領之一。

(7) 充實臍下丹田的氣力

如此一來可充實臍下丹田（肚臍下五～六公分處）的氣力。提起坐禪常被人誤解是在下腹部使勁，其實不然。其要領是在尾骶骨偏上處用力，伸直腰背彷彿將下腹沉入兩腿間使其稍微往前凸，這時根據口傳，其秘訣是緊縮肛門的肌肉——再讓上半身與其成垂直而挺立。古人稱此為「聳立脊柱骨」或「穿青竹之節」，這時如果從頭頂丟下一枚硬幣，應該會筆直地從臀部的肛門口洞穿。

當以前述的鼎三足著地，在地面形成三角形，上半身挺直聳立於其上時，從尾骶骨和兩膝蓋往頭頂方向畫一個稜線，就成「三角椎體」。這時的重心會落於底面三角形的中心。

(8) 眼睛半開

在此重新對坐相再做一次檢查，若從耳朵畫一條垂直線，是否落在肩膀上呢？如果上半身往前傾，直線恐怕會落在膝蓋上，若往後傾則會落在坐墊上。

鼻和肚臍是否正確相對呢？利用在臍下丹田充實氣力的坐禪，所鍛鍊的肚腹非常健壯。白隱禪師曾說：「臍下瓠然，如未篠打之鞠。」言歸正傳。嘴巴緊閉成「ㄟ」字，牙齒上下輕輕咬合，舌尖置於上顎處，彷彿要發英語的「I」字母時一樣，眼睛半開，視線掠過鼻端，落在前方一公尺的地方。

其要領是一度睜大眼睛，首先注視著正前方與自己眼睛同高的地方，頭部靜止不動——因為人的頭部太重，在坐禪時常有人不自覺地往前傾——注視著前方與眼睛同高處，只將視線落在一公尺前方的位置，這時絕對不可閉上眼。

禪宗的坐禪並非閉眼坐禪。古人說睜眼坐禪是「思有深旨」。在武道館練武之後，有些老師會教導學生靜坐在地（閉目養神），這大概是不知道先人坐禪傳統的緣故，真是可惜（圖7）。

圖7

(9) 手交握的方法——印相

修行者將右手置於左手的下方（佛相反），手掌朝上重疊——這時要注意左右手的手指要上下正確地重疊，上方手指不可貼在下方手指的指間——雙手拇指指腹相拄，手臂自然地垂在下腹周圍，這稱為「法界定印」（圖8）。

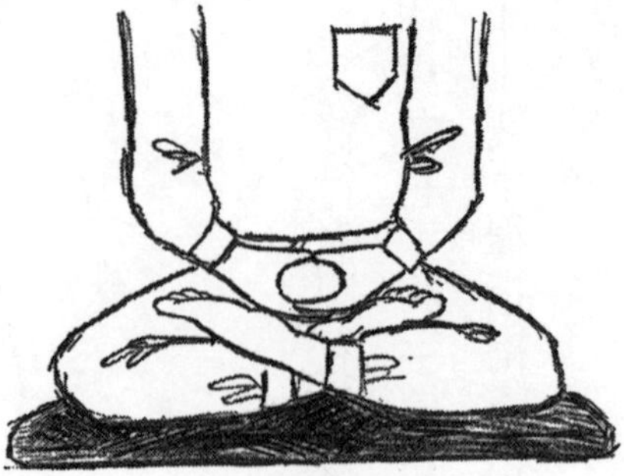

圖8

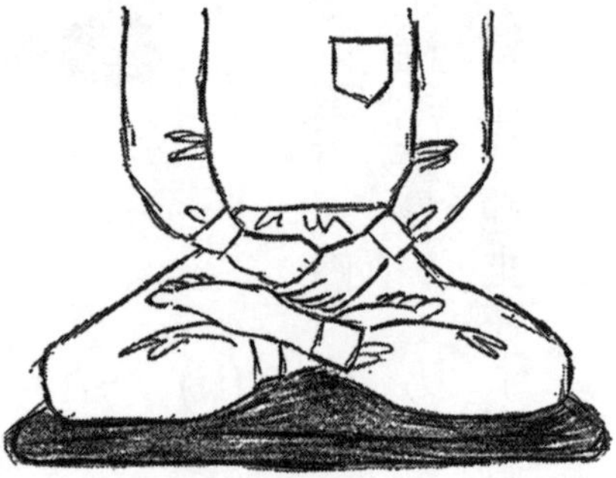

圖9

但是，這種手的交握法很容易使印相變形，因此，初學者可輕輕地握住雙手而坐（圖9）。

首先用雙手的拇指和食指做成圓圈，雙手的圓圈勾在一起，然後將右手四根指頭放進左手所做成的圓內，用左手小指靠攏，彷佛握刀的要領。這時也用左手握住右手。

前述的降魔坐一樣，是左手在上，也許是源自中國思想。不過，佛教上認為「左禪定，右智慧」，自古以來認為這是利用禪定約束凡夫愚癡的形狀。而佛的手勢正好相反，是表示由禪定紛紛泉湧出般若的真智。所以，佛的「吉祥坐」中右手在上，而凡夫的「降魔坐」則是左手在上，印相的握法有其不同。但這並不必太過於拘泥左右掌的上下。

(10) 調息——調整呼吸

以上已調整了身體。但是，坐禪的目的並不只是身體的調適，其著眼點在於心靈的調適。

正如前述，視線要落在一公尺前方，由於眼睛半開自然看得見景物。但是，並非要去注視，也不是不去注視。在坐禪中絕對忌諱要注視或不注視的意識上的「計量」（動作）。所以，不是看，也不是不看，是看而不看。換言之，是一切意識不產生作用的看，是無心的看。

但是，初學者很難立即達到這個境界，因此，在實際的修行上調心之前必先調息。調息亦即調整呼吸，是調心——使心穩住的重要前提。

當以上的坐相調整後，再靜靜地感覺平常自己的呼吸法。人只飲水而不攝取食物，仍然可存活數天，但是，不呼吸則立刻無法生存。不過，正確的呼吸卻意外的難。

古人將呼吸分析為「風、喘、氣、息」。「風」是發出風吹聲的呼吸。「喘」是哈哈喘息般的呼吸法。「氣」是不發出聲音也無停滯，是較正確的呼吸，不過氣息尚嫌太粗。最後的「息」是氣息順暢的完全呼吸。氣息出入不斷令人分不清楚是否正在呼吸。採取正確姿勢（上述的三角錐體）坐禪時，呼吸會自然地調整過來。

(11) 丹田息的修練

話雖如此，初學者多少必須在下意識訓練。採前述的姿勢在尾骶骨之上，肚臍裡側附近用力，腰部直立，下腹稍微挺出的狀態下，緊縮肛門使用腹肌利用腹壓由鼻「徐緩而細長地」做腹式呼吸。

吸氣時注意心窩處不要用力，徐緩而細長地將氣吸進肚臍以下。吐氣時利用下腹的腹壓，由肚臍下方將氣吐出。如此呼吸，則氣都在丹田聚集。一般可解釋為肉體與精神、物與心之間的媒介。其實是表示「身心一如」、「物心未分以前那一物的功用」。利用此法呼吸以充實丹田，這又稱為「丹田息」。初學者多少會在意識下練習，不過，熟悉之後自然也能在無意識下做丹田息。

據說健康的成人在安靜的狀態下所做的呼吸數，一分鐘約十八次（平均），然而習慣坐禪之後，氣息會自然地變長，雖然有個人差異，但一般呼吸次數會減低二～三次，至四～五次。換言之，壽命會拉長。雖然禪並非為了健康（求取功德）而坐禪，但結果卻自然地會保持健康。

據說只要採取坐禪的姿勢，呼吸數自然而然會由一分鐘十八次減至四～五次。其中的緣故不得而解，不過，只能說坐禪的姿勢會造成這樣的功德。

最近以日本東京大學講師平井富雄先生為主的研究小組對「坐禪」進行「科學上的解析」。平井先生對坐禪時的「腦波」研究報告如下。

一、通常人閉目處於安靜時，所發出的α波，在開目沉思的坐禪中會出現。

二、δ波也會出現，不過和睡眠時所出現的有明顯的不同。

三、坐禪中的δ波和睡眠時不同，對外界的刺激有敏感的反應，甚至比平常覺醒時更為敏銳。

四、出定後仍殘存著餘韻，有些人甚至可持續到五分鐘後。

五、絕少會變成麻痺，經常有敏銳的反應，可長久保持腦活動的鮮明等等。

由此可見，坐禪的效果已經在科學上獲得某種程度的證實。羅丹的「沉思者」縱然是世界的藝術名作，然而那種坐姿絕無法產生般若的睿智。根據佛教徒二千五百年的經驗所累積的智慧，認為只有從結跏趺坐的

「禪定」中才能產生「般若」的智慧。

(12) 坐禪前的深呼吸

以上是一般的調息方法。當調整坐相要開始坐禪時最好先做深呼吸，亦即做呼吸的準備體操。

「深呼吸」的要領是先張開大口，下腹與大氣彷彿連結成一氣一樣，換言之，不使用咽喉、胸部而利用緊縮下腹力氣，將胸腔架空再綿延不斷地將氣呼出。呼氣時約三十秒鐘。這時，必須有不僅將二氧化碳呼出體外，而且連體內的毒氣、濁氣以及心中的煩惱、妄想也一併排出的心境。

實際做這個呼吸法時，僅只呼出這一口氣就會讓人覺得彷彿和以往的環境突然斷緣一般，委實非常神奇。呼完氣後再鬆弛下腹的緊繃，然後再閉上口。如此一來，外界大氣的壓力會自然地由鼻孔送入體內。隨著空氣的流入，充分地吸氣直到胸至下腹充實為止。

吸完氣時稍微停止呼吸，將腰部挺起並輕輕地按壓下腹，彷彿要將所吸進的氣從腹腔內掏出一般，這時要注意絕對不可使勁用力。正如前述其秘訣是只有縮緊肛門的肌肉，當覺得難以忍受時再徐緩地吐出氣息。

反覆這種「深呼吸」數次後，即使是寒冷的冬天也會覺得全身烘熱。不論在此之前正做些什麼事，只要經過上述的「深呼吸」更隨時就可進入坐禪。即「身心按鈕的轉換」已能隨心所欲了。

當沒有時間坐禪時，建議各位只採取坐禪的姿勢，並做上述的「深呼吸」，然後再工作或讀書。

當將要進入坐禪時就停止「深呼吸」，因為坐禪中自己會有自然的呼吸——丹田息。絕對禁止採取持續性的勉強不自然的深呼吸。

(13) 調心——心坐

接著進入說明坐禪的本來目的，「調心」的階段。首先集中精神進入所謂的「三昧」境界。這時最好的方法是「數息觀」。「數」是計算，「息」是前述的完全呼吸。

這是指專注地計算呼吸數，使心集中在此事上而不分散旁騖的觀法。古人稱此為「安那般那法」。做法不一而足。不過，一般主要是計算呼氣（吐息），據說這樣較容易進入三昧。

呼氣時，彷彿由丹田朝向天地呼氣一般，用心眼追逐所呼出之氣的行蹤——重點並不在於呼吸或計算所呼吸的次數，而是心眼——不發出聲音默默地計算呼吸的次數，數到十時再由一開始數起，如此反覆數次。

這時最重要的是，呼氣與吸氣的轉換過程要圓滑通暢，使整體的呼吸呈卵型。不可採取活塞型的呼吸法，因此，剛開始要刻意地注意使呼氣和吸氣之間轉換順暢。

具體的做法是在還沒完全呼完氣而還能呼氣時開始吸氣，吸了一些氣後又開始呼氣，這樣自然會變成帶有渾圓感的呼吸。

但是，在意識下做這個訓練時，如果過於執著這個要領反而不好。最後的秘訣是全身各處都不要用力，身心維持原狀時，呼吸自然能調整為應有的樣子。只有在下腹計算這個自然而完全的呼吸，到了這個境地呼氣與吸氣已毫無差別。換言之，一吸一吐間已不必刻意的分別，只管數著「一、二、三、四、五、六、七、八、九、十」。

這時，「息」、「數」不可分成為二。前面說到只管「把心放在數氣上」。也提及「用心眼追逐氣的行蹤」。換言之，將力點置於心眼上，讓呼吸隨著數字的計數而行。「用心眼追逐所呼出氣的行蹤」、「用心眼凝視不出聲的數氣聲」，總而言之，心眼最為重要。同時，千萬不可忘記「數息觀」是「數息」的觀法。

指導者往往著重於「數息」，這是錯誤的作法。另外，因要「用心眼觀無聲之音」，因此，又有人將此「觀」法名之為「觀音法」，這個見解頗有道理。

(14) 隨息觀與公案工夫

在坐禪的初步只要認真地實習「數息觀」即可，不過，再介紹一個名為「隨息觀」的較高度觀法。

已經能自由操縱「數息觀」的人及怎麼也做不好的人，建議不妨試試稱為「隨息觀」的觀法，那是不必數呼吸數，只順從出入呼吸的坐禪。所謂「入我、我入」在吸氣時把天地納入自己腹中（入我），呼氣時則將自己融入於天地中（我入）。是藉由訓練在每個呼吸間與天地融合的心境，因此，比「數息觀」較為單純。不過所到達的境地較深。

「隨息觀」是調整「安、般」——亦即入息（安那——遣來）、出息（般那——遣去），以此出入二息為源做調心工夫。在此並無需為了在意「計數」而「呼吸」或「數」與「息」是否分別為二；只管心無雜念專一地凝視自然的「安那般那」，自然形成的氣息，這時甚至不必「結跏」。

生病時臥在床上，覺得痛苦時亦任由它去，只管調解出入二息即可。到了這個階段時，離道元禪師所提倡的坐禪極意的「只管打坐」已相差無幾。而事實上這毫釐之差有如天與地般地相隔遙遠。

至於「調心」的第三法「公案工夫」在此割愛。因為那是必須跟隨親近的正師參禪研究。

(15) 出定的注意——定力和般若

要脫離禪定時和入定時正好相反，換言之，首先要放鬆心情，接著張口放氣，然後徐緩地前後、左右搖動身體，再安然地站起身來。絕對不可毛躁地突然站起，這是為了護持出定後在禪坐中所培養獲得的「定力」（靜坐而得的精神統一及身體的安定力）。

禪的修行彷彿取水底之珠，若要取得水底之珠必須先平靜水面的波浪。因為不先靜止波浪而見珠，則無法取得水底的珠。看見之後用手取來再使用該珠，如果看見而取得卻不使用，而任其死滅則毫無意義。總而言之，若要取得水底之珠，必先平定水面上的波浪。唯有「定水湛然」才能使般若的心珠呈現眼前。

經典中有言：「無礙清淨慧，皆由禪定生。」禪是「以悟成則」。禪的真正目的在體得「真正見解」（無礙清淨慧、般若）。為此，必須先鍛鍊「定力」。而為了培養定力，最好的方法莫過於「坐禪」。雖然「見性」（看見佛性、自性。般若的自覺體認＝徹悟）有其時節因緣，未必和自己的努力成正比地獲得見性。不過，「定力」卻能隨著坐禪的努力成正比的獲得，這也正是坐禪何以重要的緣故。

初學時一次坐禪的時間約二十分鐘左右，然後慢慢延長修練到能坐到三十分鐘至五十分鐘左右，剛開始也許有人會覺得肩酸、腰疼、雙腳酸麻而覺得痛苦不堪。

希望各位在學坐禪時不要勉強自己，一定要提起精神充分地做好柔軟體操，再慢慢地延長坐禪的時間。在身旁插一柱自己坐禪完畢時可燃盡的香，以計算時間，最重要的是養成早晚各一坐或兩坐，每天從不間斷的坐禪習慣。坐禪彷佛滾雪球一般，會引導坐禪者的修行日益精進。

(16) 經行和動中的工夫

好不容易利用坐禪所練就的定力，卻在離禪站起的霎那消逝無蹤，則白費心機。白隱禪師也曾說：「動中工夫勝靜中工夫百千萬億倍。」勸人勉力修練日常動中的工夫。

所謂「動中工夫」是在日常生活的行、住、坐、臥上（在行、住、坐、臥等「四威儀」之上）護持坐禪的靜中所培養的「禪定力」，使其更臻於純熟的意思，而從「靜中」轉移到「動中」工夫的橋樑有所謂的「經行」。

「經行」是指由坐而起在堂內外走動。從坐禪中站起身來時要插手擋

圖10

胸，亦即右手輕輕貼放在胸前，左手重疊其上，左右手的拇指交叉，兩手臂保持水平的姿勢。這時眼睛的視線要落在二公尺的前方（圖10）。

曹洞宗有所謂的「一息半步」在呼吸之間步行半步，臨濟宗則是「如耳切風」快速疾行。妙心僧堂也曾說「走經行」。曹洞的牛步，臨濟的虎走各代表其宗風有其長短。不過，初學者定力尚不足時，一動很容易喪失坐中的三昧。因此，為了一邊實行數息觀或隨息觀而轉為經行，最好學習曹洞式的極緩慢牛步。

經行對初學者而言，也是治癒坐禪疲憊，消除坐中腳部疼痛，刷新心機的一種方便，經行後的坐禪和柔軟體操後的坐禪一樣，都可使人更容易入禪。

另外，坐禪中有時會有一股無法拂去的睡意，這時乾脆燃一柱香（普通為三十到五十分鐘）坐睡（採坐的姿勢只有頭垂向前方而入睡）。然後從第二柱香開始再提起精神重新坐禪。當然，只有一個人獨自坐禪時可經行或直接躺下來，培養英氣後再重新坐禪。

(17) 不坐時的坐禪

在繁忙的家居生活中，即使撥冗每天早晚不間斷地實行一坐或二坐禪，然而大部分的時間卻仍脫離禪或沉淪於妄想散亂中，則坐禪將徒勞無功。但是，這卻是一般人的現狀。因此，「不坐時的坐禪」才是「坐禪的重要」。

其要領是在做事時全身投入該事中，等到稍有空檔時，即當場隨便任何姿勢挺直腰背返回數息（隨息）觀。這就是所謂的「動中工夫」。

然後將動中所持續的定力轉移至靜中，再將靜中進入三昧（身心統

一、完全置身其中）的定力轉移至動中，交互地進修。

若怠惰「動中工夫」，即使日常利用坐禪修練定力，卻在日常活動中任意萌生妄想，使心緒混亂。這彷彿孵卵時忽冷忽熱最後使卵腐爛，終究無法培養真正的道力。

正三道人從「動中工夫」進而提倡「在家生活即是佛法」之說。有一次他對農民們做這樣的說法：

「農業本身就是佛行，因此，除了農業之外並不需要特別的修行。各位農民的身體即是佛體，心是佛心，行是佛行。然而，卻只因為心術不正，雖然施行為萬民製作食物的善根，卻仍然變成墜落於地獄的結果。而且自己製造出憎惡、可愛、可惜、渴望等各式各樣的惡心，造成今生的痛苦，來日淪落於永劫三惡道，豈不令人惋惜！所以，若能改正心術，發起以農業盡業障的大願心，每一鍬一鋤都是南無阿彌陀佛，南無阿彌陀佛地耕作，必能達到佛果。」

(18) 無念無想

「坐禪的指南」說明到此為止，接下來談談經常被提及的二、三個問題。

似乎有不少人一提起「坐禪」即抱有「那是要變成無念無想」的先入觀。同時也經常聽人抱怨說：「坐禪無法進入無念無想的境地。」這是因為人們將「無念無想」或「無相定」的語詞誤解為沒有任何念頭、想法。如果這就是禪，那麼，每天晚上飲酒熟睡之後，早晨醒來時就必須悟道才行。

禪宗所謂的「無心」或「無念無想」並非如此。而是指全身投入於「數息觀」、「隨息覬」或「公案」，使融入天地間呈現出無心的自我活動（全體作用）的狀態。這時的「無心」是指「宇宙的無意識」。就是純粹的創造作用本身。也是「絕對無」的主體作用本身。所以，正三道人才說：「農業之外無佛行。」所謂「無念即是正念」。

(19) 不理會念頭、魔境、現境

其實並不必在所謂的「無念無想」的字句中鑽牛角尖。有任何「念」的產生並無妨，從某個觀點來看，產生念頭才是生存著的證據，然而對此一切只要不理睬即可。如此一來，本來是根無草（由因緣而生的假象存在）的「念」，不久即自然消失。

若以為是產生了妄想而一味地要捨棄所萌生之念時，想要「捨棄」的念頭又是另外一個「念」，彷彿用血洗血一般根本無法消除念。「血」若不用「水」清洗，則無法變得乾淨。相當於此「水」的是「數息觀」、「隨息觀」、「公案」。《坐禪儀》中有所謂的「念起即覺，覺即失」。先人在其行間備註著「州云，『無』」。這是指念起時不理不睬，立即返回數息觀，公案的意思。

認真坐禪時，有時會產生各式各樣的境涯（也可說是「心境」，不過，「境涯」是指主觀（人）與客觀（境）合而為一時的心境，並非單指主觀性的「心境」）。譬如，前述所提及的想睡的睡魔等，是由已經厭倦了坐禪的倦魔所產生。

當稍微產生定力時，體內會傳來脈搏的聲音，也聽到頭腦的脈搏和心臟聲，同時也清楚血液往返於雙肩的聲音。而下腹的脈搏彷彿波濤洶湧般地發出咚咚的聲響，從雙腳甚至清楚地聽見腳跟的脈搏聲。而且也聽得見眼前香灰落地聲，不但聽得見香的燃燒聲，甚至分辨得出香灰落在金屬器上或落在木板上所發出聲音的差別。坐禪時會聽見各式各樣奇怪而清楚的聲音。所謂的「魔境」就是指這種狀態。

甚至進入三昧的境地心無雜念時，忽然覺得場中震動彷彿起了大地震一般搖擺不定。或突然眼前出現十二尺四方大的洞穴。有時還看得見眼前似乎坐著一位素昧平生的老翁，或看見滿身金箔的佛或一片光明輝耀的景況等，呈現稀有的境涯，這雖然不常見卻也不是罕見。

但是，萬一呈現上述的境涯時絕對不可驚慌，這全都是所謂的「魔境」。純粹是一心的作用，並不足為奇。因此，不管眼前出現何種境涯，對現境要不理不睬，提起一心的勇氣工夫精進時魔境立即消散無蹤。最重要的是要明白這本來就是虛妄的現象而不加理睬。

(20) 勝相現前——徹悟的批判

我在坐禪中也曾經有過體驗到自己的身體消失了的經驗，當時只有一點意識存在，彷彿心由體出竅而能自由地為所欲為的感覺。我以為這是所謂的「身心脫落」而大為心喜。因此，申請內參。結果，被先師斥責說：「到山上走一趟清醒一下腦筋再回來吧！」

東嶺禪師的《宗門無盡燈論》中說道：「學道之人，定力漸熟，即煩惱微薄，勝相時時現前，此稱為善境界。」

先師引用此文說：「任何人都明白對禪的進境中有害的魔境，而自有其擊退的方法，但是，以為是好的境涯、值得歡迎的境涯，反而難以收拾。」同時還說：「所謂魔境，總而言之是以善境界為目標並加以執著，因此，只要不理不睬捨棄此番念頭必能治退。」

二次大戰後，在美國的東海岸一群大學教授帶頭發起藉著服用向精神性藥物以求得「心的自由」的行為。所謂的向精神性藥物，據說本來是美國印地安進行宗教儀式時，司儀服用的從一種仙人掌抽出而成的神秘藥。著名的哈肯斯服用此藥後將其經驗寫成《知覺之扉》的書籍。

據說飲了「美斯佳林」（前述藥物精製的一藥）之後，知覺之扉隨即而開，而呈現出從未見識的世界。於是，哈肯斯把自己的經驗與「禪」結合在一起大發議論。後來，甚至以科學的方法研究這種神秘藥而製造出各式各樣向精神性物質。其中以「ＬＳＤ」最著名。

某日本的大學教授親自服用此藥後，據說在眼前出現了「庭前柏樹子」（《無門關》第三七期）的境涯。另外，據說某禪師根據自己的經驗證實出現了「地獄的景況」。甚至連白隱禪師也說「南無地獄大菩薩」，這倒真是有趣的事實。

在此之所以論及「LSD」的問題，是想說飲用這些藥物後所經驗的是一種「魔境」，和根據「正傳佛法」的禪定所產生的「禪經驗」是不同層次的經驗。

有人曾經強烈的批評在日美的心理學家、知識分子間將利用LSD等藥物所引起的「魔境」之類的體驗與「禪經驗」混為一談。其後，在美國西海岸成立了名為「變壓個人心理學」的嶄新心理學，長年來從事利用LSD進行心理療法的理論。

從這些理論中發覺各式各樣的心理經驗已有層次上的區別，已不再像以前一樣將不同的次元混為一談，這的確是一項進步。S・克羅夫等認為把所謂的「魔境」般的經驗定位於「變壓個人經驗」，他們認為雖然這種體驗並非「徹悟」，然而卻具有有關心理問題、身心症的問題的驚奇治癒力。

既然區別了這些體驗與禪經驗在次元上的不同，又主張具有臨床心理學上的效果，就應做為臨床心理學的問題給予驗證，並不須由禪者表示贊成或反對。同時，不同次元的體驗對各個經驗者具有何種含意，正視其間的關聯應該是今後該考慮的課題。

總而言之，在此必須提醒各位的是「認為藉由體究磨鍊才能獲得一朝自省的『祖師禪』，可藉由安逸的科學與技術代替的這種深受近代知性主義所毒害的主張」是「和祖師禪立場迥異不同層次的東西」。

國家圖書館出版品預行編目資料

十牛圖・坐禪儀／法信居士 編著
－初版－臺北市，大展，2013[民102.03]
面；21公分－（心靈雅集；75）
ISBN 978-957-468-935-4（平裝）
1.禪宗　2.佛教修持
226.65　　　　　　102000318

十牛圖・坐禪儀

編　　者／法信居士
發 行 人／蔡　森　明
出 版 者／大展出版社有限公司
社　　址／台北市北投區（石牌）致遠一路2段12巷1號
電　　話／(02) 28236031・28236033・28233123
傳　　真／(02) 28272069
郵政劃撥／01669551
網　　址／www.dah-jaan.com.tw
E-mail／service@dah-jaan.com.tw
登 記 證／局版臺業字第2171號
承 印 者／傳興印刷有限公司
裝　　訂／建鑫裝訂有限公司
排 版 者／千兵企業有限公司
初版1刷／2013年（民102年）03 月

定　價／250元